ZHENAI
JIAOYU HUICUI

真爱教育荟萃

马　利◎著

黄河出版传媒集团
宁夏人民出版社

图书在版编目（CIP）数据

真爱教育荟萃 / 马利著 . —银川：宁夏人民出版社，2018.11
ISBN 978-7-227-06987-4

Ⅰ . ①真… Ⅱ . ①马… Ⅲ . ①教育—文集 Ⅳ . ① G4-53

中国版本图书馆 CIP 数据核字（2018）第 264502 号

真爱教育荟萃 马 利 著

责任编辑 白 雪 杨敏媛
责任校对 陈 晶
封面设计 沈家菡
责任印制 肖 艳

黄河出版传媒集团
宁夏人民出版社 出版发行

地 址 宁夏银川市北京东路 139 号出版大厦（750001）
网 址 http://www.yrpubm.com
网上书店 http://www.hh-book.com
电子信箱 nxrmcbs@126.com
邮购电话 0951-5052104 5052106
经 销 全国新华书店
印刷装订 宁夏凤鸣彩印广告有限公司
印刷委托书号 （宁）0011640

开 本 880 mm × 1230 mm 1/16
印 张 12.75 字数 200 千字
版 次 2018 年 11 月第 1 版
印 次 2018 年 11 月第 1 次印刷
书 号 ISBN 978-7-227-06987-4
定 价 42.00 元

序言（一）

教育，是一个跨越时空的宏大主题。爱，是一种无形的价值存在。关乎教育，无论有多少异议，当诸多异见遇到爱，便会高度统一。爱，是教育方法，是教育起点，是教育终点，亦是事实依据与价值判断。真爱教育，既是本书的核心要义，也是读者汲取精华之所在。

作者马利，生于20世纪70年代一个普通的农民家庭，受教于“耕读传家”之家训，在父母之爱、兄妹之情、夫妇相携、子女相亲的环境中学习、成长、成熟，在爱与被爱中立志、立言、立行。对标“四有”好老师标准，她手握三寸粉笔，怀揣一颗丹心，传道授业解惑二十六载，正是“三尺讲台师生情，一生秉烛真爱魂”。如果不是真爱，哪来长期坚守？如果不是真爱，哪有深刻体悟？如果不是真爱，哪能下笔千言，洋洋洒洒书二十万言？如果不是真爱，学生如何爱戴，同事如何敬重，组织如何肯定？正是因为对教育的热爱，并施行真爱教育，她将自己成就为观察者、施教者、思考者和践行者。本书收录了教学思考、教学案例、从教感受等近40篇文章。皆为作者依据从教经验认真总结后的呕心书写，是从教半生的思想结晶。

“学高为师，身正为范。”作者用真爱努力践行“培养什么人，如何培养人”的教育命题，在教育工作岗位上全力弘扬社会主义核心价值观，在生活工作中坚定不移执行习近平总书记的“有理想信念，有道德情操，有扎实学识，有仁爱之心”四有好老师标准，揭示教育教学规律，让孩子们健康成长，实现人生价值。

以真爱之名，践行一位师范生的誓言，坚守一位教师的信念，探索一个跨越时空的教育主题。

是为序。

2018年10月于厦门大学

序言（二）

马利老师热爱教育教学工作，不仅精熟教育方法，而且善于言传身教，对知识传授、学生智力开发、学生综合能力培养均能竭尽全力，遵循科学规律，取得了明显成效。马老师连续多年被评为先进教育工作者和模范教师，受到学校肯定、学生欢迎、家长好评。

马老师经常讲:“真正的教育，就是既要让优生更优，更要让后进生变优。没有教不好的学生，就怕不科学的教育方式。”她是这样说的，也是这样做的。26年的教学生涯，她不断用行动诠释和践行自己的箴言。马老师注重因材施教，她所带的每届学生均能以优异的成绩升入高中，而且孩子们都文明礼貌、懂得感恩、充满自信、努力上进。更难能可贵的是，面对一些来自普通打工家庭的孩子，她坚持用“爱”和“一个也不能少”的教育理念一视同仁地关爱孩子们，诠释了教育的真谛，展现了其高尚的师德。因此，在她的鼓励下，自卑的孩子树立了自信，脆弱的孩子变得坚强，不爱学习的孩子逐渐懂得珍惜学习机会并努力上进。

孔子曰:“其身正，不令则从；其身不正，虽令不从。”马老师注重自身的师德修养，贴近生活，实事求是，处处育人，时时育人，言传身教，以身示范，以高尚的人格、诚恳的言语、规范的行为和诚挚的感情去影响、启迪、感染身边的每位学生，让其时刻沐浴在爱的雨露中，真正做到用真爱感化、教育每一位学生。

冯班莲
榆林市高新一小校长

目录
CONTENTS

教育教学

班级管理

新媒体论

且行且思

综合教育

教案小集

教育叙事

发言表志

写作引领

附　录

教育教学
JIAOYU JIAOXUE

浅谈素质教育在语文课堂教学中的体现

摘　要：自1985年全国教育工作会议提出实施素质教育方针后，教育界就把此作为课改目标之一。因此，在语文课堂教学中也要创设素质教育环境，教师在尊重学生身心发展和教育规律的前提下，面向全体学生，循循善诱，因材施教，以促进学生身心的健康发展和综合素质的全面提升。

关键词：因材施教；素质教育；语文课堂

实施素质教育，就是全面贯彻党的教育方针，以提高国民素质为根本宗旨，以培养学生的创新精神和实践能力为重点，造就有理想、有道德、有文化、有纪律的德智体美等全面发展的社会主义事业的建设者和接班人。而人的思想、知识、爱好、兴趣、创造力、想象力等主要是在课堂教学过程中形成和发展起来的。因此，将素质教育充分渗透和体现在语文课堂教学中，培养学生综合素质是一个值得深入探讨的问题。

由于长期受应试教育的影响，中学语文课堂教学并没有将学生真正放在主体位置上，没有培养起学生主动获取知识以达到文道双休之目的。学生只是被动地接受知识，被当成灌输知识的容器，教与学相对机械。这样的教育环境压抑了学生的个性，不利于其素质的全面提升。因此，我们必须努力在语文课堂教学中创设素质教育环境，不断体现素质教育，以促进学生身心的健康发展和综合素质的全面提升。创设这种课堂教学环境的指导思想是：把学生不仅仅当作教育对象，更重要的是将其当作发展的主体，把学生真正作为教学的出发点和落脚点。而教师的作用体现在，他是以学生为主体的课堂环境的创设者。“自主性、活动性、创造性”是创设语文课堂教学最优环境的原则，是在教师主导下充分发挥学生主体作用的理想的课堂教学形式之一。

一、自主性是活动性和创造性的基础

自主性是指学生产生的一种对学习的需要，一种强烈的求知欲望。在这种状态下，学生就会对学习表现出更积极的态度，表现出良好的注意力和克服困难的意志，从而能有效地参与教学活动的各个环节，并具有一定的活动性和创造性。

想让学生自主学习，作为处于主导地位的教师，应努力创设一种相对宽松的、使学生能够自主学习的课堂环境。教师应充分认识到自己的责任是为所有学生架设一座通向成功的桥梁，因此，要充分尊重学生的人格，在课堂教学中充分发扬民主，在向学生传授知识的同时，师生应积极进行思想交流、情感交流。

当然，让学生自主学习还要端正学生的学习态度，激发他们浓厚的学习兴趣，并引导其摆脱学习的盲目性。

二、活动性应贯穿于课堂教学的全过程

活动性并不是指学生形体上的运动，而强调的是学生作为主体对课堂教学的参与。学习是一种个体行为，是学生自身的认识活动，是任何人都无法代替的。语文课容量大，涉及面宽，是对学生进行思想教育、培养其综合素质的重要阵地。为了充分发挥语文课堂教学的主渠道作用，教师要积极培养学生动手、动口、动脑的能力，调动他们仔细观察、探索规律、概括总结、质疑问难、发表独特见解的积极性，提高他们分析问题、解决问题的本领。

课堂教学中，要调动学生充分参与教学过程，并在参与中受到科学思维的训练，这样才能在教学中体现学生的主体作用，也才能真正达到全面提升学生素质的目的。

三、创造性是适应新世纪人才需要的重要因素

进入21世纪，科技等方面的竞争越来越激烈。随着世界政治多极化、经济全球化的迅猛出发，具有创新精神的人才将成为最大的需求。从培养新世纪所需要的人才的目的发展，在语文课堂教学中，应重视培养学生勇于探索、敢于挑战的精神，要启发、引导、鼓励学生进行创造性的思维和探索。

教师特别要鼓励学生对所学知识进行大胆质疑，善于发现学生所提疑问中具有的创造与探索的火花。学生独立运用所学知识分析、解决问题的过程，就是创造性思维的过程。学生解决问题能力的提高有一个从模仿到创新的发展过程。工作中，多启发和鼓励学生敢于质疑已有的知识，设法用与老师不同的思维方法解决问题，从而使学生创造性思维的能力得到不断提高。

“一花独放不是春，百花齐放春满园”。总之，在语文课堂中实施素质教育，教师要在尊重学生身心发展和教育规律的前提下，面向全体学生，面向全体学生的每一个方面，循循善诱，因材施教，让每一个学生得到全面发展。教师要彻底从应试教育的培养模式中解脱出来，重视全体学生素质的提高与发展。

（此文荣获陕西省吴堡县教育局、教研室优秀教育教学论文评选二等奖，榆林市第三届“国庆杯”优秀教育教学论文评选二等奖。）

浅谈语文新课程教学中的“对话”

摘　要：在语文新课标的指导下，新型语文课堂要求打破传统的教师唱独角戏的课堂模式，构建互动课堂，因此，语文教师在新课程教学中要把握时机，合理安排对话，构建互动课堂，为最终达到“教为不教”目标不懈努力。

关键词：对话教学；互动教学

人类的教育活动起源于交往，在一定意义上，教育是人类一种特殊的交往活动，交往又主要是通过对话实现的。新型语文课堂要求打破传统的教师唱独角戏的模式，走向师与生的对话，构建互动课堂。那么，应如何把握语文课堂中的对话，这是值得语文教师深思的问题。

一、“对话”中师生的平等关系

课堂上有效的师生互动不能简单地以活动的多寡为衡量标准，也不能简单以课堂气氛的活跃程度为依据，而应将学生主体性的充分发挥作为衡量标准，师生双方在互动中同等重要、互为主体。因此，师生互动的前提是构建平等的师生关系。在教学中，教师不仅仅是教学活动的组织者和引导者，更重要的是学生学习活动的参与者，是学生的高级伙伴，即教师与学生一起学习、一起思考、一起探讨。在这里之所以用“高级”来强调伙伴，是因为教师还有引导学生的作用，即在适当的时机以适当的方式提示、启发、点拨学生，也就是有意识 、有目的而又自然地对课堂活动加以控制。要注意的是，课堂上的问题应最终由学生自主达成共识、自主解决。新课标下的师生互动对教师的素质及对新教学理念的把握提出更高的要求。教师要充分认识“对话”教学的实质，不能简单地认为师生间的一问一答就是对话式教学，要充分考虑是否真正调动学生积极性并激发学生的思维，是否体现了追问和启发的精神。不过，作为教师，应避免为了营造一种师生互动的课堂氛围而提问一些无需调动学生思维的事实性的、记忆性的问题。比如，有些语文教师讲课时习惯性地问：“是不是这样？”“对不对，好不好？”表面看起来热热闹闹，却很难达到教学效果并真正实现为教学服务的目的。因此，对话教学需要教师根据具体的教学内容，在最恰当的时机，选择运用最为合适的教学方法，在没有疑问的地方创设疑问，激化学生的思维矛盾，并能够将学生思维的着眼点引至对与错、是与非的对立点上。

二、师生互动是以学生为中心的互动

（一）互动要以学生为中心，要把学习的主动权交还给学生

把学习主动权交给学生，这是平等意识、人格尊重在教学过程中的体现，也是实现真正的师生互动的条件。教师必须把学生置于主角位置，把主动权还给学生。所以，在教学中，教师要引导学生根据自己的能力水平提出问题，并由学生讨论，阐述自己的见解、主张。教师作为首席官，只是适时地参与学生的交流讨论。这样，学生的主动性才能得到充分调动，对话在教学中才能得到贯彻和体现。

（二）体现以学生为中心的互动教学，教师要注意倾听每一位学生的发言

上课时教师应走下讲台，把注意力集中在学生身上，并作出有效的应答，全身心融入学生，以心灵感受心灵，以感情赢得感情，创设平等、民主、安全、愉悦的课堂氛围。同时，教师要关注学生的差异性，以尊重为准则，鼓励学生创新；对学生的不同看法要尊重理解；对不正确的见解要宽容并有效引导。与学生交流时，不忘自己和学生地位是平等的，避免居高临下地发问

甚至责问，消除学生在交流中的畏惧、紧张心理，让学生信任老师，愿意和老师倾心交谈，这样，学生才会主动质疑问难，老师释疑解惑，从而使知识得以传递。

（三）体现以学生为中心的互动教学，教师要关注每一位学生

教师要随时关注学生如何在教学中设计小组讨论，当学生讨论进程出现差异、小组讨论非常激烈、学生们提出很多问题时，教师应深入各个小组，了解他们的认知情况，观察学生的学习和探究方式，从而发现和激励学生的创造精神。同时，教师还应该特别关注以往被忽视的学生，如学生在课堂上踊跃发表意见时，对没有发言的同学，教师可以直接走到他们身边进行鼓励。当学生大胆地说出自己的想法时，教师除了要鼓励外，还要启发学生思考。教师只要真诚地将温情的种子撒向每个学生的心灵，给予他们充分的理解和尊重，对话教学就能散发出充满浓浓人情味的馨香，就能感知发自学生内心深处最真实的情感。

（四）体现以学生为中心的互动教学，要注意教学设计的实际性

教师的教学设计必须关注学生，从学生的生活经验和知识基础出发。在充分了解学生的个性品质、知识结构和认知能力的基础上进行教学内容的设计、教学过程的安排、教学氛围的创设。因此，教师要下大工夫去琢磨学生、琢磨活生生的课堂，走进学生中间，了解他们对即将讲解的内容的兴趣点、知识储备和他们所关心的话题，使课堂教学更贴近学生实际，真正体现从学生角度出发。

三、有效对话教学设计的出发点

有效的师生互动，既要体现课堂教学的指向性，突出重点、难点，又要有利于学生创造能力的培养。设置高质量的问题，实现有效对话教学。高质量的问题能引发学生思考，调动学生的发散性思维，从而使学生积极主动地解决问题。

首先，教师要尽可能地创设有效、高起点和有悬念的问题。一般这类问题有较强的综合性，蕴含若干个基础性问题。问题的设置要视课文和学生实际情况来定，可以设置在导语部分，也可以设置在一节课的其他环节，还可

以是课堂教学的重点、难点的引子。其次，问题的设置要有利于学生对知识的深层理解，即学生对所学的新内容能够形成新的认知，可以自由灵活地运用它来构建新知。深层理解的问题一般是关于程度性知识和策略性知识的问题，所以教师要多设置类似的问题，如“你是从哪个角度思考问题的？”“为什么这样想？”“这样做的理由是什么？”最后，设置的问题必须涵盖整个或部分课堂教学，能够牵一发而动全身，课堂上其他问题的创设要由此展开。当然，这种问题在一节课里设置不宜过多，否则就不能达到理想的效果。

有效的对话教学设计要能体现出教材所传递的信息，包括作者的写作意图、所要表达的思想感情和文章的意境等。

有效对话教学的开展要建立在对字、词、句、语法、修辞、语言运用规律等内容的陈述性知识掌握的基础上。

有效对话教学要尽可能地触发学生的发散思维和求异思维。新课程改革强调人的发展。人的发展必须具备创新能力。而发散思维和求异思维是培养创新能力的思维方式。教师要鼓励学生大胆发表自己的奇思妙想，并为他们灵感的跳动搭建平台和创造机会。因此，在教学活动中，教师要注重学生求异思维和发散思维的培养，这也是检验有效对话质量、促进有效对话发展、构建良好的课堂教学秩序和高质量的师生互动的关键。教师要保持警惕，不在课堂上以或明或暗的方式，将任何个人态度强加于学生。

因此，语文教师在新课程教学中，要把握时机，把握形势，合理安排对话，构建互动课堂，为最终达到“教为不教”目标而不懈努力。

（此文荣获榆林市第五届“国庆杯”优秀教育教学论文评选一等奖，并发表于2006—2007学年《学苑新报》第34期、《榆林教育》2006年第3期。）

浅析作文批改

摘　要：作文在学生学习、生活中处于很重要的地位，若想改变学生的被动写作为主动写作，就应把传统的教师批改作文转变为学生互相修改、老师指导。这一教学方式既培养了学生的写作能力，也能够达到教育家叶圣陶先生所说的那种“自能作文，不待老师改”的境界。

关键词：作文批改；彼此批改

初中作文教学，既是重点，也是难得。重点不仅仅体现在考试分值上，更体现在学生走向社会后对这方面知识的运用上。然而，现实中作文教学的现状却令人不满意。

“同学们，上周布置的作文写好了吧！现在，请把它抄在正式作文本上。”每当说这句话时，心里总在想：这次该有好多学生认真地去誊写了吧，因为前面已经做了好多工作。可无论讲多少，这仍然只能是老师的奢望。现实中大都是当老师要求抄时学生才开始写。这不得不让我们思考：怎样做才能变学生的被动写作为主动写作呢？

作文是语文教学的重心，作文批改是作文教学的重心。传统的作文批改并不能完全调动学生的写作积极性。

在现实中，由于种种原因，要改变传统的作文批改方式谈何容易！不过我还是在教学中找了块“试验田”，并深有启发，可以说利大于弊。

传统作文批改，老师在灯下埋头苦干，一字一句，一段又一段，一遍又一遍，反复推敲……然而，作文发下去学生的反应与期望中的大相径庭：学困生拿到作文，脸上毫无表情，唰拉唰拉翻开作文本，不过两分钟就让作文本“进监狱”了；程度好一点的学生，直接把作文本翻到有批语的一页，三下五除二后“软禁”了作文本；程度再好点的学生也只不过是看看眉批，至于为什么要这样批，有问题的地方该怎么改则毫不过问。老师的辛苦意义有多大?

因此，我想把传统的老师批改作文变为学生互相批改、老师指导。

叶圣陶先生曾经有过这样一段论述:“我想学生作文教师改，跟教师命题学生作一样，学生都处于被动地位。能不能把古来的传统变一变，让学生处于主动地位呢?假如着重培养学生自己改的能力，教师只给引导和指点，该怎么改让学生自己去考虑决定，学生不就处于主动地位了吗。养成自己改的能力，这是终身受用的。”叶老在这里提出的不仅仅是一个作文批改的方法问题，更主要的是一个作文教学的理念问题，要尽快提高学生的写作能力，就必须增强学生的主动参与意识，充分发挥他们学习的积极性，变被动作文为主动作文。中学语文教学大纲在教学要求部分明确提出学生要初步养成修改文章的习惯。在教学内容部分的写作训练中又再次提出“养成修改文章的习惯”。学生互相批改、老师指导的优点如下:

第一，能培养学生的写作兴趣。兴趣，是最好的老师，是决定写作成功与否的主要因素之一。“知之者不如好之者，好之者不如乐知者。”初中生有一种渴求了解对方的心理，互改作文这一方法正合他们的这一心理。此外，处于这个年龄段的学生普遍好面子，因为害怕同学看到自己作文的瑕疵而会尽力去写好。所以，学生互改作文能调动他们的写作兴趣。

第二，能起到“取其所长，避其所短”的效果。三人行必有我师。在众多的学生当中，只要是自己写的，哪怕是写作水平差一些，写出的作文也总有闪光点，值得学生互相欣赏。

如在学习牛汉的文章《我的第一本书》时，一位学生写道:“看到《我的第一本书》这篇文章，我想到了每位家长都对自己的子女非常的爱，只是疼爱的方式不同，也让我想到没有知识是一事无成的。”这位学生写的作文虽然语法上有不足，但仍有闪光点，学生们听后掌声不断，足见大家对他的肯定。

第三，能够提高学生的鉴赏能力，并巩固语文知识。同学之间互改习作，肯定要用到许多语文知识来评定习作内容，比如修辞中的比喻、拟人、排比、顶真等，从而巩固了这方面的知识。同时，通过分析判断，发现习作的优缺点、精彩与不足之处，取长补短，从而提高学生的鉴赏能力。

第四，可以增强学生的自豪感。大部分人认为，改作文是老师的任务，是老师的职责。现在让学生亲自去做老师的工作，扮演老师的角色，这在学生的心目中是件非常高兴的事。此外，学生改作文后，改得好坏还需老师点评。若能受到表扬、受到肯定，那是多么自豪的事。

第五，可以增强学生的责任心。能为老师做事是学生的快乐。有机会扮演老师的角色，学生当然会尽最大的努力做好。学生会紧紧抓住这样的机会，去考验自己、展示自己。

当老师看到学生互改作文的场面时，会发自内心微笑。每个同学接到作文本，都先好奇地看看上面的名字，然后告诉对方，接着便埋头苦干。他们有时笑眯眯地频频点头，也许是看到令人满意的地方吧；有时眉头紧锁，凝神思考后，就沙沙沙地批改起来；有时还跟左右的同学交流一下，仿佛在干一件不可掉以轻心的大事。因为每个学生都知道，自己帮同学改作文，作文的主人是要细看的，改得不好，对方必然要来问个究竟，有时还会请其他同学评理，甚至缠到老师那儿去，这样，自己就会丢了面子。出于这种心理，在互相批改作文时，每个学生都尽量改得完美，评价得有理有据。久而久之，就使学生养成一种高度负责的学习态度。

第六，可为学生彼此了解、互相提高搭建平台。学生写的作文就好像是他心底的秘密，一般是不轻易给别人看的，就算是父母也不例外。现在的孩子一般都比较自我，不懂得欣赏别人的优点。不少孩子甚至因为别人比自己强而闷闷不乐、郁郁寡欢。因此，为孩子搭建这个互相欣赏的平台，对培养他们健康的心理也有着重要的意义。

看学生的评语，经常会发现充满激励、给人力量的评语，如“从习作看出你是个善良的孩子。好人有好报！愿你永远快乐！”“你写得生动极了，让我有身临其境之感，加油！”“你写得太感人了，让人备受感动，真高兴有你这样一个善良的同学！”这些出自同龄人的评语，能不给人以奋发向上的动力吗？

当然，学生互改作文的意义不仅仅在此。学生互改作文一定要在老师的细心指导、正确引导下进行，这就对老师的引领技巧提出了更高的要求。

吕叔湘老师曾讲过：“教学就是为了教学生学。”学生互相批改作文，不是为了减轻教师负担，而是在于培养学生的能力，最终达到教育家叶圣陶所说的“自能作文，不待老师改”的境界。

（此文荣获2011年榆林市“国庆杯”优秀教育教学论文评选二等奖，并发表于2011—2012学年《学苑新报》第10期。）

导学案有效运用刍议

摘　要：在新课改背景下，导学案已成为课堂教学方式改革的重要研究内容之一。本文从五个方面阐释导学案：一是要充分认识导学案的作用；二是导学案的设计必须以现代网络信息技术为前提；三是导学案的运用要与网络信息技术接轨；四是导学案的设计要遵循“知识问题化，问题层次化”原则；五是要真正发挥导学案“导”的作用。

关键词：导学案；多媒体；网络信息技术

随着新课改的不断深入，榆林市第十一中学审时度势把导学案作为课堂教学方式改革的重点研究内容之一。经过一年的课堂实践发现，导学案的确是适合现代素质教育全面推行的教学模式。然而，工作中常听到同事抱怨：“哎，搞改革了，学生们都不做作业，成神了！”“导学案发下去两天了，上课用时只有一半学生做了！”“我们的学生倒是做了，可一问三不知。”听着满腹怨气的言谈，笔者不禁思考，在网络信息技术普及的今天，怎样才能充分发挥导学案的作用呢?

经过一年的试验、观察、反思、探究，笔者在此谈点浅薄认识，与同仁共勉。

第一，要充分认识导学案的作用。导学案是为贯彻落实国家教委新一轮课改要求而适时提出的课堂教学模式，它改“填鸭式”教学模式为教师主导、学生主体的和谐统一的新教学模式，要求教师在新的教学理念指导下，通过对教材、学情的深入研究，精心编制能指导学生自主学习、自主探究和自主创新的材料。导学案主要包括课题、学习目标、学习重点和难点、疑难信息点引、学法指导、自我矫正反馈、自我收获评价、知识结构分析等环节。核心是培养学生的自学能力，引导学生形成科学的学习方法，是学生学习的方向盘、路线图和推动器。

第二，导学案的设计必须以现代网络信息技术为前提。导学案是以“导学、诱思”为基点，强调学生的自主学习能力。要达到这一目标，就必须激发学生的学习兴趣。课改实践证明，现代网络信息就能完成这一使命，因为它能综合运用图、文、声、像、影等网络资源，变抽象为具体，变无声为有声，变隐形为有形，创设逼真的教学环境、生动活泼的教学氛围，从而充分调动学生学习的积极性。这样的课堂能使学生轻松学习、快乐成长。所以，教师在设计导学案时，应有运用多媒体的意识。

第三，导学案的运用要与网络信息技术接轨。现代网络信息技术与课堂教学的整合是教学改革的时代要求和必然趋势。新课标强调：“促进信息技术与学科课程的整合，逐步实现教学内容的呈现方式、学生的学习方式、教师的教学方式和师生互动方式的变革。”然而，自从诞生了导学案，多媒体在一定程度上就被忽略了。导学案汇报课，偶尔也会运用多媒体，但并不能发挥其真正的课堂辅助效力。为了把课堂还给学生，把时间还给学生，让课堂充满生机活力，学生就应充分利用网络信息，预习、查阅、收集资料，利用多媒体进行生动直观的课堂展示。这就要求学校必须配置教学设备，为学生网络学习、制作课件提供便利。这样，导学案的运用便能与现代网络信息技术接轨，从而发挥学生的主体作用。

第四，导学案的设计要遵循“知识问题化，问题层次化”原则。目前，导学案的设计“习题化”倾向严重。“导”不能仅仅体现在课堂的引导上，这样做容易流于形式，如学生们预习时做习题，把导学案做完就万事大吉。殊不知，知识问题化，问题层次化，绝对不是知识习题化。导学案设计要有知识梯度，在多媒体辅助下满足不同学生需求：优秀生从中感到挑战，中等生受到鼓励，学困生尝到喜悦。

第五，导学案要真正发挥“导”的作用。面对导学案，现在有些学生仍然无从下手，导致出现前文所述的同行抱怨的现象。要避免这一现象，起初运用这一模式时，教师就要辅导学生，把导学案作为“引子”，让学生自学教材。其一，指导学生在导学案引导下自学。其二，在完成每次内容时，指导学生用圈、点、勾、画的方法在教材上做标记。其三，指导学生做好自学笔记，存疑，真正让导学案导学。

当然，要更好地让导学案在现代网络信息环境下发挥其特有功能，让学生成为“可燃的火把”“探求真理的人”“有思想、有个性的生命”，还需要建立规范的学习小组、科学的评价机制，更需教师准确掌握学情，做到收、发、批及时。

“路漫漫其修远兮，吾将上下而求索。”为了让学生在网络信息时代学会生活，学会创新，学会思考，并且学会如何做人，我们应高扬课改的风帆，走好脚下的每一步，让导学案放飞梦想。

（此文荣获“新形势下教育管理理论与实践论坛”大赛一等奖、陕西省教育学会第十次优秀教科研论文与学术成果评选三等奖、2010年榆林市“国庆杯”优秀教育教学论文评选一等奖。）

初中有效阅读教学中自主学习能力培养之我见

摘　要：顺应“学宜川”的热潮，如何在有效阅读教学中培养学生自主学习能力，本文从调动兴趣、教授方法、指导内容、培养阅读乐趣、正面激励五个方面入手，从而达到“不教而教”的高效课堂效果。

关键词：有效阅读教学；自主学习能力

自从“学宜川”之风刮进榆林教育界，教师们便紧跟这股浪潮。然而，现实中受导学案的影响甚大，常被其牵着鼻子。与导学案运用有密切关系的有效阅读对于学生自主学习能力培养便成为课改的重中之重。

阅读，顾名思义为看（文字）、读（文章）。虽简单，却是真理。

一、教师深挖教材，设计新颖导学案，即能调动学生学习兴趣

人常说：“要给学生一碗水，教师必须有一桶水。”教师想要成为促进者和引导者，就必须挖掘教材。只有这样，才能帮助学生制定适当的学习目标，并确认达到目标的最佳途径，从而抓住重点、确立难点，寻找突破口，设计出适合学生成长规律且能充分调动学生学习兴趣的导学案。爱因斯坦说过：“兴趣是最好的老师。”兴趣是学生学习的最主要动力。一个人一旦对某件事有了浓厚的兴趣，就会主动去求知、去探索、去实践，并从中得到愉快的情感体

验。所以，古今中外的教育家无不重视兴趣在智力开发中的作用，因此在阅读教学中也必须以兴趣培养为先。如欣赏《记承天寺夜游》一文，在导学案“了解作者”环节，笔者曾设计“猜人名”的谜语，并配以背景乐，实践证明，学生们兴趣倍增。

二、教师引导阅读，授学生以渔，即教授学生方法

学科不同，引导渠道也应有所不同。就语文学科而言，任何文体阅读首先应做到五点：一是了解作者及写作背景；二是在第一遍阅读时画出生字、词，然后查找工具书，解决这些字词问题；三是逐段阅读，了解每段意思；四是把意思相近的自然段归纳在一块，按一定标准分段；五是根据每段段意分析主旨。

另外，还应注意各种文体独特的特点。比如，小说阅读要抓住三要素：人物（语言、动作、神态等描写）、环境（自然环境与社会环境）、故事情节（开端、发展、高潮、结局）；散文阅读要抓住“形散而神不散”的特点；说明文阅读要把握说明对象的特点、说明顺序、说明方法；议论文阅读要把握论点、论据和论证三要素等。教给学生阅读方法，有效阅读就有规律可循，就可变难为易，变灌输为自主。

如在教学《中国石拱桥》一文时，根据说明文阅读的三大内容设置三个问题：①中国石拱桥其趣无穷，那么“趣”体现在何处？②作者是怎么告诉我们这些“趣”的？③为了让这些“趣”给我们留下深刻印象，作者又是通过怎样的方法说明的？这样，学生顺着这些问题，就会自主地参与到本课有效阅读中来。

三、留出足够时间，达到真读，即使学生知道内容

学习是个连贯过程，在基本阅读的基础上必须留给学生足够时间，从而使学生知道文章写了什么。这样，在课堂上学生就不至于听“天书”，也能激发学生学习的自信心和自主性。如学习莫顿·亨特的《走一步，再走一步》一文，只要留给学生足够时间，中等生能读到“我”8岁一次爬悬崖的经历，能力较强的学生可读到“走一步，再走一步”的哲理性，即化整为零，赢得最后的胜利。师生在共议中交流分享，取长补短，有效阅读中自主学习能力的培养便水到渠成。

四、设置有趣的问题，激发学生探究，培养学生阅读兴趣

语文新课标明确指出："学生对课文的内容和表达有自己的心得，能提出自己的看法和疑问，并能运用合作的方式，共同探讨疑难问题。"设置有趣的问题，并激发其探究能力。

如在学习《小圣施威降大圣》一文时可设置激情表演，要求学生思考如何通过语言、动作、表情等把小圣、大圣的性格特点表现出来，这样的设计可极大地激发学生的兴趣，因为玩耍是孩子的天性，学生在玩的过程中也学到了知识。在此基础上，紧扣主旨设计"小圣能降大圣的原因是什么？"这样，就更激发了学生探究的愿望，让学生在快乐中学习。

五、发现学生亮点，输送正能量，正面激励

中国亲子教育第一人董进宇博士建议，教育孩子要懂得"亮点"原则，重视激励，这样做就给孩子输送了正能量，孩子会越来越优秀。

如班内有四个调皮的学生，他们在课堂上比较好动，笔者在阅读教学中充分利用这一资源，仔细观察他们，在他们想说时多提供机会，把别人认为的顽劣转变为亮点，结果他们真变成了乖孩子，并成了其他学生心中的能人了。

由此可见，有效阅读教学中培养学生自主学习能力，是一个漫长而艰巨的教学任务。我们不怕失败，就像电影《中国合伙人》陈冬青言："我们只有从失败中寻找胜利，在绝望中寻求希望！"

[《有效阅读教学的能力培养》(有改动)发表于《榆林日报》2013年12月31日第5版。]

刍议初中语文自主课堂教学中学生自我展示能力的培养

摘　要：面对主动参与课堂展示的学生寥寥无几的现象，本文从教师和学生两个方面谈了建议。通过锻炼，教师成为新课改的积极实践者。在教师的引领下，学生们一定能在课堂上展开双翅，放飞理想。

关键词：初中语文；自主课堂；自主学习

课改之风时时吹，教学之理天天催，教师之行堂堂规，学案之影人人推，效果几何，全在课堂。然而，无论是组内交流课还是校内观摩课，无论是一般教师之课还是骨干教师之课，一个共性问题就是学生主动参与课堂展示的寥寥无几。语文新课标强调学生学习由被动接受变自主、合作、探究。简单概括就是对话（讨论）。口语交际要求自信、清晰地表达自己的观点，做到清楚、连贯、不偏离话题。在新一轮课改中，课堂自主展示是学生自主学习必不可少的重要环节，是对学生自主学习的质量评价，是对学生合作探究的结果检测，能培养学生的自信心，快速提高学生的综合素养。可见，自主课堂教学中学生自我展示是多么重要，我们必须扭转学生自我展示缺乏的现状。

一、教师方面

（一）教师人格魅力高，学生更崇拜

教师被称为“人类灵魂的工程师”。一位受学生欢迎的优秀教师肯定具有高尚的灵魂。苏联著名教育理论家和教育实践家苏霍姆林斯基从 17 岁就从事教育工作，长达 35 年的教育生涯他充分诠释了教育的真谛——爱，提出了全面和谐发展的教育理论，形成了自己的教育思想体系。他能从一名农村小学教师一步一个脚印走向世界级教育家凭的是什么？凭的就是他的人格魅力以及对教育的一腔热血。他说：“培养美好情感和品质是学校教育的起码目标。”“如果有人问我，生活中什么是最重要的？我可以毫不犹豫地回答：爱孩子。”有人称他为：“照亮学校的一座巍峨教育丰碑。”著名哲学家雅斯贝尔斯在《什么是教育》中写道：“教育的本质意味着一棵树摇动另一棵树，一朵云推动另一朵云，一个灵魂唤醒另一个灵魂。”能唤醒灵魂之人的人格魅力可想而知，学生的崇拜心理油然而生。

（二）教师激情澎湃，学生表现活跃

中小学教师情感素质是一种对教师智力和能力活动有显著影响的非智力因素，它在教师心理素质结构中占有重要的位置。随着教育的改革，人们逐渐认识到，教育工作的最大特点就是以情感人。一个合格的教师不仅要向学生传授各种知识、培养技能与能力，而且要对自身的情感智力提出更高的要求。一节教学质量高的课堂，除了需要教师拥有渊博的知识、精湛的授课艺术及较高的教学能力之外，还需要教师拥有饱满的热情。北宋文学家欧阳修在《醉翁亭记》中写道：“树林阴翳，鸣声上下，游人去而禽鸟乐也。然而禽鸟知山林之乐，而不知人之乐；人知从太守游而乐，而不知太守之乐其乐也。”给教师一定的启发，使其面对学生有饱满的热情，学生肯定能在热情似火的课堂中燃烧起来。我们每一堂成功的课不就是最好的证明吗？

（三）教师快乐教学，学生愉悦学习

陶行知先生曾说：“教什么和怎么教，绝不是凭空可以规定的。他们都包含‘人’的问题，人不同，则教的东西、教的方法、教的分量、教的次序都跟着不同了。”心理学研究证明，人的积极情绪会带来良性循环。在生活中体验更多积极情绪的人，更能够以一种开明的方式应对逆境，他们能有更多的

解决方法。随着积极情绪的增加，我们对他人的信任也在增加。积极情绪也可改善人际关系。当老师面对几十个未谙世事的学生，其积极情绪影响力可想而知。教师的快乐情绪能给学生正能量，这是每堂课能验证的。请记住：要让学生愉悦学习，教师快乐教学。

（四）教师用心聆听，学生真实表露

如学生为主体，要求教师多听少讲。无论是山东杜郎口中学的“10+35”模式，还是山东兖州一中的“循环大课堂”模式；无论是山东潍坊市“345”教学模式，还是昌乐二中的高效课堂，都印证了苏联著名教育家苏霍姆林斯基说的：“教师要十分关切地对待孩子内在的世界，不可粗暴地把自己的意见强加于他们，要耐心地听取他们的意见，要以平等待人的态度参加他们的争论。”长此以往，学生在这种和谐的氛围下，不开口也会感觉快乐。

二、学生方面

（一）树立自信，激发动力

有人说：“一个人只要拥有了自信，就等于拥有了无穷的力量！”可见，自信心对一个人来说是多么重要，也是人们行为的内在动力。自信是成功的必要条件，是开发潜能的前提，是成功的桥梁。中学生成功的法则之一便是自信。心理学家研究发现，自信心足的人，一般比较乐观，遇事往好处想；自信心不足的人，比较悲观，遇事容易往坏处想，缺少放松感。西方谚语：“知识不如能力，能力不如品质。”一个人能否成功的决定因素正在于他是否具有优秀的品质。品质是一个复杂的组合，但优秀品质最重要的表现就是自信、勇敢、热诚。因此，要调动初中生在语文课堂上的自我展示能力，首先需培养他们的自信心。

我曾遇到一名七年级男生，不听讲，更不做作业。第一次和他聊天时他就向老师打预防针：“老师啊，您别让我做作业，因为我从四年级开始就不写字了！”从他说话的声音和表情中明显能感受到他的不自信。我一听，心头一阵酸楚！但我故意表现出无所谓的态度，说：“哎呀，没事！老师只希望你能动起来！至于写得怎样，没关系！”他听后满脸疑惑。我同时扮一个调皮的笑脸给他，他好像放心了一点，下意识地点点头。一天，他终于交来作业。

事实是，孩子的字的确有待提高。但我并没批评他，而是把他叫来聊天。聊到合适的时间，我说："哎呀，你还说你四年级就不写作业，看现在写得多好（善意的谎言）！老师相信你肯定行！继续这样做，你是好样的！加油！"此时，我看到孩子脸上浮现出从来没有过的微笑。后来，我一直用这种树立自信心的方法激励他，他不光写好了字，而且开始写作了，写得情真意切。终于，他主动提出在作文展示课上展示他的作文……我看到了他自信心的提高，学习动力也就自然有了。

（二）抛开资料，重用自己

推行新课标以来，语文老师便忙得不亦乐乎。自从 2011 年宜川考察学习试用了导学案，语文老师更是废寝忘食。其间，学生也是废寝忘食——每天拿到导学案就翻资料，埋头苦学。猛看导学案做得密密麻麻，质量较高，可到课堂展示环节，雷同答案比比皆是，竟然有学生不知道课文内容。可见，是抄了资料，忘了课文。这样的课改效果肯定是不可取的。无论是洋思中学的先学后教，还是杜郎口中学的预习、展示、反馈，都是新型的教学形式，都是把学生真正放在主体地位，学生首先自己需深入理解课文，熟练利用身边工具书解决基础问题，并根据自己的知识背景动脑思考疑难问题，这样做最终提高了学生的语文综合素养。所以，我们的学生必须要抛开学习资料，不依赖它，更要杜绝抄。学生应提高自我认识，重塑价值观。

当课程进行至八年级语文（下）第三单元生态环保篇时，我试着改变了导学案的运用。学生避开资料，当堂使用学案，尽情展示预习收获，及时反馈存在的问题。实践证明，绝大多数学生能积极预习、参与课堂组织，学习积极性也提高了。有好多学生当小老师时自信满满，无论是课堂组织、知识梳理，还是语言激励，哪个环节都显出老师的风范。例如在《旅鼠之谜》赏析课，学生设计了一个板书大赛，九个组的设计不仅证明了组员的积极参与态度，而且证明了集体的智慧。抛开资料，重视自己，值得推行。

（三）面对不同的学生，制定不同的评价标准

我们的学生来自全市四面八方，由于各县区教学水平的差异，学生的基础知识、基本素养便参差不齐。面对这种情况，老师要统一标准。只要照顾学优生"吃好"，中等生"吃饱"，各尽其能，并用欣赏的目光看待他们，这样，

学生也就有信心积极参与自主学习。特别是对那些被贴了标签的所谓的不好的学生，专门给他们提供机会，抓住其亮点及时表扬。由于这种赞誉来之不易，他们都十分珍惜。

（四）亮点原则，愿者上钩

叶圣陶先生一贯主张培养学生的自学能力，他把这一教育思想精炼地概括为："教是为了达到不需要教。"要达到不需要教，除了知识的传递外，我觉得更重要的是让学生动起来。因为，现代生活条件的优越，一定程度上使学生养成了懒惰的品质。为了让他们克服这一现象，我就多表扬、肯定，尽力做到不批评。这样，就给了他们无限的正能量，抓住了"人人都爱被别人肯定"的心理特点，让他们尝到甜头，愿者上钩，这就达到不需要教的目的。

（五）了解兴趣，投其所好

《新课程标准》提出："学生是语文学习的主人。语文教学应激发学生的学习兴趣，注重培养学生自主学习的意识和习惯，为学生创设良好的自主学习情境。"伟大的科学家爱因斯坦说过："兴趣是最好的老师。"就是说一个人一旦对某事物有了浓厚的兴趣，就会主动地去求知、去探索、去实践，并在求知、探索、实践中产生愉快的情绪和体验。所以，古今中外的教育家无不重视兴趣在智力开发中的作用。作为引领者的教师，了解不同学生的爱好兴趣，并投其所好，就一定能激发其在自主课堂上展示的动力。

赏析《大雁归来》一文，探究课文哪些地方体现大雁之间的友情，我问："现在学生一放学最爱说的话题是什么？"有好多学生积极地参与回答。我追问："这能体现你们之间的什么？""友情！"学生异口同声回答道。还有些同学爱画画，我就豫设板书设计环节，学生有了兴趣，争先恐后上台板演。还有同学好表演，我就设计课本剧展示环节，学生学习的热情逐渐高涨。

有一个女学生，因为总受到别人的批评，所以一直很胆怯，不交作业，课堂上也不主动回答问题。经过观察，我发现她的字写得好，画画得美，于是在课堂上需要板演时我就把她请上台。哇，她的那认真劲绝不亚于奥运会赛场上的运动员。看着她的脸上渐渐露出了笑容，看见她慢慢地开口说话，听着她逐渐提高的回答声，我也欣慰地笑了。

（六）设置讨论，以“老”带“轻”

古人云：“学贵有疑，小疑则小进，大疑则大进。”有疑是动脑思考的表现，解决疑难是进步的表现。在同组内，有能力较强的学生，他们是本组的引领者，老师充分利用这一特点，带动本组对疑难进行讨论，让他们感受“领导”的作用，提升自我认知，激发他们学习的热情。实践证明，这一招很管用。每当讨论时，这些小领导忙着部署、指导、记录，哪里是家里的“小皇帝”“小公主”啊，简直就是战场上的将军嘛！

我国新基础教育实验的开创者和奠基人叶澜教授说：“让课堂充满生命活力。”她认为，课堂教学应被看作是师生人生中一段重要的人生经历，是他们生活中有意义的构成部分。课堂教学的目标应全面体现培养目标，促进学生的全面发展，而不是只限于认识方面的发展。叶澜说：“课堂教学蕴含着巨大的生命力，只有师生的生命活力在课堂教学中得到有效发挥，才能真正有助于新人的培养和教师的成长，课堂才有真正的生活。因此，要改变现有课堂中常见的见书不见人、人围着书转的局面，必须研究影响课堂教学师生状态的众多因素，研究课堂教学中师生活动的全部的丰富的细节，研究如何开发课堂教学的生命潜力。”“教师只要思想上真正顾及了学生多方面成长，顾及了生命活动的多面性和师生共同活动中多种组合和发展方式的可能性，就能发现课堂具有生成性的特征。”我们只有把课堂教学改革的实践目标定在探索、充满生命活力的教学上，学生才能获得多方面的满足和发展，教师的劳动才会显现出创造的光辉和人性的魅力。

课改之路漫漫，只有终身学习才能永葆活力，随时代前行。相信大家都是新课改时代的精英，在教师的引领下，孩子们一定能在课堂上展开双翅放飞理想！

（此文荣获2014年陕西省第十二次优秀教科研论文与成果交流评选二等奖，并发表于《榆林日报》2014年7月3日第5版《教学交流》。）

浅析大班额环境下
课堂教学小组合作学习的策略

摘　要：在新一轮课改中，对“三环节”课堂教学模式如何在大班额环境下实行小组合作，本文试从五个方面进行阐释。在课改的浪潮中，只要教师乐于探究、勇于探究、坚持探究，大班额环境下课堂教学小组合作学习的策略一定能大放异彩。

关键词：大班额环境；课堂教学；小组合作学习

自古以来，人的全面发展始终是教育追求的目标。教育的真正目的，在于养成学生健全的人格。为此，现代社会背景下进行的新一轮课改，其基础教育课程改革的根本任务是：全面贯彻党的教育方针，调整和改革基础教育的课程体系、结构、内容，构建符合素质教育要求的新的基础教育课程体系。其总体框架是，改善学生的学习方式。改善之一，就是在大班额环境下进行课堂教学小组合作。新课标倡导自主、合作、探究的学习方法。在新一轮的课改热潮中，榆林市第十一中学适时提出了“三环节”课堂教学模式。然而，在大班额环境下的“三环节”课堂教学模式中如何实行小组合作，这成为当下教师关注的焦点。习近平总书记在党的十九大报告中指出：“时代是思想之母，实践是理论之源。”笔者经过多年课堂实践，获得点滴感悟，与诸位同仁共勉。

一、关注个体，抓住特长

“一切为了学生，为了学生的一切。”一切为了每一位学生的发展，是新课程标准的最高宗旨和核心理念。这就需要教师转变教育观念，改变学科本位，注重每一位学生的发展。因此，作为教师必须了解、研究每一位学生，这是有效教育的切入点。在大班额环境中，只有注重每一位学生，才能为实行小组合作打好基础；只有深入了解每位学生的特长，才能更科学有效地进行小组合作学习。

二、取长补短，男女均衡

孔子言：“三人行，必有我师焉。”苏霍姆林斯基说：“每个学生都是独一无二的世界。”“天赋为一个正常的头脑打下了必要的、充足的根基，使每一个人都能成为创造者。”教师深入了解每位学生的特长，然后根据他们的特长来分组，即因材施教。分组尽可能做到：技能均衡与男女均衡。技能均衡，为的是在学习活动中使各个学生尽显其才，互相帮助，不仅使学生获取宝贵的知识，而且找到自信。男女均衡，是指每个组男女生比例均衡，充分利用异性相吸的原理，互相促进，取长补短。这样，便为后期合作探究打好了基础。

三、教师来培训，学生来上“岗”

新课标指出“学生是学习的主人”，“教师是学习活动的引导者和组织者”。所以，在大班额小组合作学习中，教师根据学生的不同技能，给已分好组的学生分派不同的任务，使其担任不同的职责。然后对担任不同职责的组员分别培训，使他们合格上岗，在合作探究学习中扮演好小老师的角色，当好主人。需要注意的是，这个环节是个长期的过程，在合作探究学习过程中发现学生的问题，应随时引导，直至其养成习惯。

四、该出手时大显身手

在大班额的“三环节”学习中，教师该出手时就出手。教师组织教学，并在学生有困难、需要帮助时适时引导；而每位学生，无论是在组内还是在班内，应充分发挥各自的聪明才智，积极参与自主合作探究的学习过程，变过去的被动为主动，为其终身发展而努力。这样课堂才能真正成为每位师生心灵成长的精神家园。

五、勇于展示，捆绑成风

评价是一种教育手段。正面评价能提高学生自信心，并使其明确努力进步的方向。《教育部关于积极推进中小学评价与考试制度改革的通知》明确指出："教师要在教育教学的全过程中采用多样的、开放式的评价方法，了解每个学生的优点、潜能、不足以及发展的需要。"因此，教师完善评价方法，对学生的终身发展起着至关重要的作用。捆绑评价，既能及时反映各组学生的当下表现，形成你追我赶的学习氛围，又能在学生的健康成长过程中留下美好的印记。为了让大班额环境下课堂教学小组合作学习发挥更好的作用，教师应在学生展示时积极地、科学地运用捆绑评价，把正面的信息及时反馈给学生，使每个学生均能健康成长。

习近平总书记在党的十九大报告中指出："历史只会眷顾坚定者、奋进者、搏击者，而不会等待犹豫者、懈怠者、畏难者。"只要我们乐于探究、勇于探究、坚持探究，大班额环境下课堂教学小组合作学习的策略定能大放异彩。

（此文发表于《教育现代化》2018年7月，并荣获首届全国教育科研优秀论文国家级一等奖。）

班级管理
BANJI GUANLI

浅析班主任工作

陕北人常说:“班主任是个热水罐子。”班主任工作的确不好干。但是，不论怎么说，班集体既是学校的基础组织，又是学校教育活动的基本单位。它的基本功能应在教师的领导下，通过集体的组织力量，推动学生德、智、体、美、劳全面发展。实践中班主任还要担负起领导职责，组织好班级工作，指导班集体建设，引导学生健康成长，成为塑造人类灵魂的工程师，甘心做个“热水罐子”。

若要这个“热水罐子”在班级管理方面有一定的收获，成为学生们尊崇的师者，除了要有班主任的专业修养外，笔者认为还要做到八个字：爱、先、率、严、公、细、全、恒，只有这样，班主任工作才会收到事半功倍之效。

一、爱

爱，即爱国爱民，爱教育工作，爱校、爱班，更爱学生。爱，是做好班主任工作的基础。班主任只有热爱教育工作，才能一心扑在工作上，不仅思考学生的学习，还能想到他们的思想、生活。只有这样，班主任才能和学生接近，进行情感交流，实现情感交融。只有积极的情感交流，学生才愿意将自己的思想、学习、生活中的问题向班主任倾吐，班主任才能对症下药，深入细致地做好学生的思想教育工作。

如：下雨了，提醒学生注意安全；下雪了，提醒学生注意路滑；天冷了，提醒学生加衣保暖；坐姿不端正，提醒学生小心驼背……记得我们班打扫集体办公室，入冬天气冷，如果学生用冷水肯定特别冷，我便烧了水给学生用，学生们用着热水，说着“谢谢”，我相信，他们的心里肯定比那热水还热呢！还有，一学生因为成绩不理想不敢回家，放学后我便一直陪着他直等到家长把他接走……就这样，学生有事都愿意和我说。

二、先

先，即先发制人，制度走在先，防患于未然。

学生刚一进校，老师应首先向学生明示校规、行为规范、班级纪律等要求，使学生做到心中有数。

开学的第一天，我便要求学生从平日的一举一动、一言一行做起，严格要求自己。制定了《班务计划》和《学生管理考核办法》，打印并发给每个学生，使其按照规定约束自己，班干部也严格按照规范考核。全班首先进行了卫生大整顿，为自己提供了一个舒适的学习环境；确定了班训——“强身健体，提高素质，全面发展，构建和谐”，并制作成营造良好的班级文化氛围的标语，让学生时时能看到，一刻不放松。

对于调皮捣蛋的学生，先向其敲警钟，并强调：“不管你过去怎样，我希望也相信大家会从现在做起，从身边做起，从小事做起，做个班级表率。”

三、率

率，即表率（好榜样）、率领（带头）。这里的“率”并非指学生，而是指班主任。老师要做好表率，以身作则。要求学生做的，自己首先要做到，这样学生才能心服口服。如，我要求学生坐姿端正，无论站在讲台上还是在日常生活中自己首先做到“坐如钟，站如松”，给学生做个好榜样。再如，全年级组织的广播体操比赛，开始学生们学得不认真、不积极，为了扭转这种局面，体育课我便和他们一块学，下课后给不会的学生教，给会的学生规范动作。有时体育课我没时间学，就抽时间向会的学生学，然后再指导其他学生。这样，学生的学习积极性逐渐高涨起来。很高兴，在比赛中我们班得了第一名。此外，我还要求每个学生下课低头看，有纸屑捡一捡，当然我自己首先就要做到进教室低头看，有纸屑捡一捡，久而久之，学生也就养成了好习惯，班内卫生有了保证。连续四周内，我班就得了两次卫生流动红旗，这就是“率”的功绩。

四、严

严，即严格，严格要求每位学生。自古就有“严师出高徒”的说法。虽然现在不主张戒尺伺候的“严”，但我们也应坚持“勿以善小而不为，勿以恶小而为之”。卫生是班级管理的难点，但是只要发现班级卫生差，哪怕有一点纸屑，无论是优生还是学困生，均一律按班规进行处罚。

五、公

公，即公平、公正。有时候学生会向老师抗议不公平，可见这个“公”在教学中是多么的重要。

刚开学，就有学生反映有同学小学时老师、家长就管不住，他不仅抽烟、喝酒，还打架斗殴。对于这种学生，我并未放弃，而是与他倾心交谈，并强调只要努力做好自己，老师就信任他。一次、两次、三次……功夫不负有心人，他从不遵守纪律到规矩听课，从不写作业到按时交作业，从说话野蛮到言行举止渐渐变得文明。从此，大家对他刮目相看。

在教学中偏待则会给教学工作带来麻烦。有的老师认为女生敏感、脆弱，所以，在男女生均犯错误时，总是严厉训斥男生而放过女生。这让被训斥的男生感觉不公平，其实这种认识有失偏颇。我们同样不能轻视女生犯的错误，要做到男女平等，这样学生才能相信老师，才会更好地配合老师的班务工作。

六、细

细，即细心、细致。班主任工作很辛苦，苦在细节与操心上。如：为了培养师生感情，学生生病了，教师去看望学生并祝他早日康复，早点返校。为了严格要求每位学生，我把学生每天的突出表现和违纪行为都记录在笔记本上。爱捣蛋的学生一有突出表现就表扬，不论优生还是差生，一犯错误就及时批评，这样既显公平，又让差生不自卑，优生不自傲，都能互相学习，取长补短，共同进步。再如，只要课间有空，我就进教室，发现纸屑等垃圾，哪怕只有一点，也不姑息，自己捡或要求学生捡；发现打闹等违反纪律的现象，第一时间及时解决，这样班级违纪现象明显减少了。

七、全

全，即全面，不论是男生还是女生，也不论是学习好还是学习差，都应全面抓，这才是教育的根本。教育必须以人为本。科学发展观的核心是以人为本，“始终要把实现好、维护好、发展好最广大人民根本利益作为党和国家的一切工作的出发点和落脚点”。所以，班主任在培养尖子生的同时，也必须重视学困生的优化，让学困生较顺利地走向社会，做有益于社会的事。教师应花更多的精力去管理学困生，对其进行思想教育，让他们成为对社会有用的人。这样做一方面符合我国的教育方针，另一方面也符合教师的职业道德，而且只有全面抓，班风才会更好。

八、恒

恒，即恒心。人贵有恒心，干任何事都贵在坚持。班主任工作也不例外。三天打鱼两天晒网式的管理肯定效果不佳。今天有空抓紧点，明天忙了放松点，这样做学生便无法养成良好的习惯。只有持之以恒，老师的辛苦付出才有成效，才能从辛苦中尝到甜，达到事半功倍之效。

总之，班主任工作是学校教育的基础，要求高，烦琐又辛苦。不过教有法，只要勤摸索，善总结，必得其法，管理就能得心应手。

（此文荣获“新形势下教育管理理论与实践论坛”大赛一等奖、陕西教育学会第十次优秀教科研论文与学术成果评选三等奖、2010年榆林市“国庆杯”优秀教育教学论文评选二等奖，并发表于2009—2010学年《学苑新报》第45期。）

新时期加强中学生思想道德建设之我见

党的十六大报告强调:“要切实加强思想道德建设，特别要加强青少年的思想道德建设。”新时期加强思想道德建设是发展先进文化、推进以德治国的重要内容，是培养德、智、体、美全面发展的社会主义建设者和接班人的具体举措。在科学技术突飞猛进、人才竞争日趋激烈的今天，社会上各种思潮相互激荡，一些庸俗的甚至不健康的思想观念难免会侵蚀青年学生单纯的心灵，比如比阔气、斗闲气、争霸气、赌闷气、使小气等现象在校园中屡屡发生。学生正处于身心发展阶段，是世界观、人生观、价值观形成的重要时期，因此，加强中学生思想道德教育是件刻不容缓的事情，是教书育人工作的首要任务。

首先，要不断提高教师队伍的整体素质。在教学活动中，学生是主体，教师是主导。主导的作用非常重要，它不仅体现在学习上，更体现在道德修养、人格塑造等各个方面。主导应具有导向作用。不难理解，一个道德高尚、品质美好、人格健全的教师，对学生的导向是积极、健康、向上的；反之，道德品行不高的教师，对学生自然会造成许多不良影响。当然，在广大的教师队伍之中，大多数的教师是好的、称职的，只有极个别不够称职，他们不健康的思想势必影响学生的健康成长。因此，加强教师队伍的思想道德建设，提高教师的思想道德素质，净化教师队伍，是加强中学生思想道德教育的首要条件。

其次，加强中学生思想道德教育要注重方法的灵活运用。要以爱国主义教育为主，以灵活多样的方法，融思想道德教育于生动、活泼、多样的活动之中。热爱祖国是思想道德建设的最高标准。围绕爱国主义教育这一主旋律，学校及学生会、校团委、各班委会每学期都要开展丰富多彩的教育活动。比如阅读爱国主义书籍、讲爱国主义故事、唱爱国主义歌曲、写爱国主义文章、开展爱国主义演讲、落实爱国爱校的具体行动，配合这些活动，学校可以组织放映爱国主义教育影片，带领学生参观爱国主义教育基地，并引导他们开动脑筋，积极思考，撰写出高质量的观后感或心得体会，使学生对祖国的热爱上升到理性认识高度。

学校还可以把爱祖国、爱家乡、爱母校、爱集体、爱劳动教育统一起来，积极组织学生进行绿化家乡、绿化校园、美化校园的劳动，把爱国主义教育落实到具体的行动中。

与此同时，要围绕校园生活，着力把思想道德教育转化为学生的具体行动，实现养成教育目标。要针对每个年级的特点，对各年级思想道德教育活动作出具体安排，使学校思想道德教育工作形成整体规划。要把学生的不文明行为与本人学期操行等级挂钩、各班学生违纪与班主任的工作评定挂钩，通过值周工作，每周向各班主任反馈一次学生表现，让年级、班级之间进行对比，促进思想道德教育工作的开展。此外，还可以号召全体教师加强对学生思想道德的渗透教育，言传不如身教，让教师文明得体的言行举止感染每一位学生，使健康的思想道德品质在潜移默化中渗入学生思想深处，形成校园良好风尚，此做法可改变单纯由班主任和校领导管理学生的状况。

当然，思想道德教育属于树人工程，要严格防止说教、灌输的方法，因为说教与灌输方式脱离生活情境，缺少情理统一的生动特征，只剩下干瘪的、枯燥的教条，学生觉得乏味，也易产生抵触心理。对此，学校虽然三令五申，也花费了不少时间、精力，但教育效果仍不明显。思想道德教育要力戒程式化，应该贴近生活，因势利导，把他律的行为升华为自觉、自律，使学生感到不再只是约束和付出，还有快乐和满足。

再次，加强中学生思想道德教育要与狠抓教学改革、提高教学质量相结合，为培养社会主义现代化建设的新型人才而努力。全面提高教学质量是学校的神圣职责。社会主义现代化建设需要人才，因此，加强中学生思想道德教育不是孤立的、片面的、静止的，而是要与狠抓教育教学改革、提高教学质量相结合，最终取得互相促进、相得益彰的良好效果。在积极实施改革教育、发展创新教育的潮流中，要不断深化教学改革，探索推广各种优质教学方法，鼓励教师撰写教学教改论文，努力促进教师素质和教育质量的提高，以教师素质和教育质量的提高带动学生综合素质的提高，形成中学生良好的思想道德品质。

总之，加强中学生思想道德教育是教书育人工作的重点，也是难点。具体工作中，教师不仅需要有自信心、关爱心，还要有耐心。在整个教育教学工作中，教师要运用智慧、投入感情、做好表率，正确对待学生的敷衍态度，理性看待学生逆反心理，做到以情感人、以理服人，能自律、能宽容，对学生要求不能过高、过严、过急，从而不断调整心态，以有效的方法、正确的态度塑造青年学生健全的人格。

（此文荣获榆林市第四届“国庆杯”优秀教育教学论文评选三等奖，发表于《榆林学院学报》2004年第3期。）

再析班主任工作

一、班主任要抓好学生的思想教育

思想是一个人的行为方式和情感表达的重要体现，是人行为的总纲领。“心如水之源，源清则流清，心正则事正。”所以，我国现代教育体制要求，教师要熟练掌握与应用先进的教育方法，并注重培养学生优良的品质，为社会主义建设输送大量栋梁之才。由此可见，思想教育也是实现现代教育任务的重点之一。

笔者在每届七年级新生入学家长会上都会做这样的调查：“您认为孩子的思想教育和知识教育哪个更重要？”结果显示，超过 95% 的家长认识到孩子思想教育的重要性。

二、班主任要重视培养学生的自尊心

自尊心是由自我评价所引起的自信、自爱、自重、自尊，并希望受到他人和社会尊重的情感体验。自尊心能使人奋发图强，并维护人格的尊严。现实中学生自尊心的培养，离不开老师、家长和身边人给予的肯定、赞扬、认可。初中生还没有形成完善的自我评价意识，这就需要班主任帮着他们培养自尊心。

那么，班主任该如何培养学生的自尊心？

（一）平静地面对学生犯的错误，交给其改正错误的方法

俗话说：“吃一堑，长一智。”面对学生犯的错误，班主任不要小题大做，而应教给其改正错误的方法。例如，每届新入学七年级学生，刚由小学升入初中，自控力差，特别是上课爱随便说话。为了让他们克服此现象，我就教给学生一个方法：上课准备一张白纸，在想说话的时候尽量克服，克服一次就在白纸上写个“棒”字或画个大拇指；失败就在白纸上撕一个小洞。一节课下来，自己看这张白纸上的“棒”字或小洞，自己思考哪一种感受好。就这样，既让学生改掉了随便说话的不良习惯，又维护了学生的尊严。

（二）面对屡教不改的学生，更应以情感人

经常会看见有学生在教室角落、教师办公室或教室外“练站功”的。不用说这“练站功”是不允许的，单从学生自尊心的培养来说，此法也不科学，还不如静下心来，和学生进行心与心的交流，以情感人。

我曾遇见一个很聪明的学生，但上课话特别多。我经常耐心地给他讲大大小小的道理，可他就是改不了爱说话的习惯。有一次，我看见他竟然用塑料胶带把自己的嘴贴住，让我意识到，他自己也控制不住说话，不良习惯已成自然了。于是，我就把他叫到身边，从他的行为给我的感受谈起，并表明了我对他自己想改又改不了恶习的理解，并以此警示其他学生切忌养成不良习惯，否则有心改也困难，但对于有志气的学生来说，肯定能改变。果不其然，该生此后在课堂上积极踊跃地参与课堂互动，渐渐忘记了说闲话，得到老师们的表扬，增强了自尊心。

（三）对于有逆反心理的学生，班主任更应爱之有加

“逆反心理”是青少年健康成长的一种正常心理状态，是因孩子长大有独立思想的一种正常表现。可因家长不能适应这种表现，就否定孩子，给孩子的自尊心造成伤害。班主任切忌有这种认识，继而要“动之以情，晓之以理”。

记得我刚接任一届七年级，就发现班里有一个高个子男生上课总是低着头，手里面不知鼓捣着啥，或有时思想抛锚，当老师暗示他时，他不但不抬头，神态还显出对老师暗示的不满。在还不了解学生的情况下我也未贸然行动，而是和孩子的家长取得联系，才知该生因调皮没少挨父母的训斥和打骂。对于乖巧的妹妹，父母自然不打骂，他就觉得父母偏爱妹妹，心怀不满，所

以经常和父母闹别扭。随着年龄的增长，他的胆子也大了，经常以不言语或大发雷霆回应家长，面对家长的提醒显出不耐烦的神情，父母自然认为孩子有逆反心理。长此以往，他就形成了怪癖的性格。

经过这番了解，我才理解了他为啥不满老师的暗示。于是，我把他请到办公室，和他坐下来聊天。我给他分享我们兄弟姊妹五个快乐成长的经历，并且告诉他："世上无论谁都不欠我们的，只有我们先尊重他人，方可得到别人的尊重，从而维护自己的自尊心。"就这样，这个学生上课渐渐抬起了头，听课表情也不那么呆板了，偶有思想抛锚，面对老师的暗示，他便笑笑，慢慢的，他的学习成绩也进步了。我以真爱恰当地维护了他的自尊。

当然，班主任还有许多方法培养学生的自尊心，在我们长期的摸索中发挥效力。"以爱换爱，爱河浸种根粗苗壮花吐艳；将心比心，心田育苗叶茂花红果喷香。"

三、班主任要重视培养学生的自信心

自信心能激励学生努力积极向上，健康成长。然而，缘于家庭教育的不科学和"棍棒底下出孝子"传统观念的影响，孩子们的自信心受到严重打击。这就要求班主任在这方面下大工夫，培养他们积极乐观的心态。

心理学家威廉·杰姆言："在人的所有情绪中，最强烈的莫过于渴望被人重视。"作为班主任，我们可通过正确运用赏识教育，极力寻找闪光点，尊重和倾听学生的想法，创造机会使其体验成功等途径培养学生的自信心。

曾有一位学生，同学们都嘲笑他"傻"——哪怕是在课堂上，他回答问题时，同学们还是一片"唉"叹声，致使他经常低着头不敢言语，毫无自信。可是，他在我面前可勤快了：只要看见我从楼下上去，就帮我把教案袋接过去放到讲桌上，一下课就把讲桌擦得干干净净，我有需要学生帮忙的他就主动举手……因此，他经常受到我的表扬，在我面前显得有自信。在适当的时间，我组织"寻找闪光点，我们共进步"的主题班会，有同学就说到该生的好些优点，同学们给以热烈的掌声。自此后，再没有同学嘲笑他，他也更自信。

由此可见，只要班主任激发学生的自信心，学生学习劲头也自然会得到提升。

四、班主任要培养学生的责任心

教育学家陶行知言:“先生不应该专教书，他的责任是教人做人；学生不应该专读书，他的责任应该是学习人生之道。”无论学习还是生活、课内还是课外，班主任均要培养学生学习人生之道。这就需要培养学生的责任心。学以致用便是此理。

我在一次家长会上分享班内一种现象。为了美化教室，我把自己养的两盆花拿到教室，然后建议班干部一人提供一盆花。有三四位班干部在我提出建议的第二天就拿来了花。在后来教学中观察，那些能积极响应建议的学生在任何时候都是积极负责的。所以，自主管理教学模式正是培养学生“人人有事做，事事有人做”的责任心。

除了以上四个方面，培养学生的学习兴趣、进取精神、科学精神和人文精神等也是班主任工作的重点。可见，班主任工作任重而道远。

新媒体论

XINMEITI LUN

浅谈多媒体教学之利弊

一、多媒体教学之利

有人说:“19 世纪是铁路的时代，20 世纪是高速公路的时代，21 世纪是网络的时代。”因此，在新课标的要求下，有人将多媒体的教学用“忽如一夜春风来，千树万树梨花开”来形容。是啊，回顾近些年的教学实际，我们不难发现多媒体教学已是大势所趋，它的出现为教学工作带来了很多便利。

(一)激发兴趣，提高效率

回顾过去的教学:书+嘴+粉笔+挂图+小黑板。一节课下来教师满头大汗，学生呆若木鸡，甚至个别学生产生了厌学情绪。

再看眼前，多媒体教学已把书本上的内容变为活灵活现的、声情并茂的图片或视频，学生怎能不感兴趣?如教《荔枝蜜》一课“喜欢蜜蜂”一部分时，我把荔枝的枝、果、花、叶和蜜都设置成真切的画面，学生的学习兴趣高涨，收效甚佳。

(二)增加容量，节省时间

过去，对于语文教师来说，每节课是嘴皮子不停，时间很紧。可自从多媒体走进课堂，连语文这样容量大的课程，也开始变得轻松。比如教授古文《陈涉世家》这篇这章，由于制作了课件，原来四课时都难以完成的教学任务，现在用三课时就轻轻松松地完成了，并且学生们理解得也透彻。

（三）身临其境，栩栩如生

我们身处陕北，大家平时出省机会较少，书本上选的好些内容大家都没有见过。对这些生疏的事物，要体会其中的意境和感情谈何容易！可有了多媒体就容易多了。如教学课文《西湖游记》时，笔者在课件中设置有关西湖的一些画面，把保叔塔的突兀、西湖的“春”“月”和“朝烟”之美景展现在学生面前，再加上声情并茂的朗读，使学生有种身临其境之感，真切感受到闻名天下的西湖之美，从而把学生引入课文所创设的情境中。

（四）直观形象，强化记忆

如上所说，对于学生比较生疏的事物，可运用媒体形象真切地呈现出来，这样更具有直观性。直观的内容便于学生记忆。如教学《西湖游记》时，在集文、声、图功能于一体的多媒体教学中，那“山色入娥，花光如颊，温风如酒，波纹如绫”等语句理解起来就轻而易举了。

（五）符合以“教师为主导，学生为主体”的教学要求

有了多媒体，许多文章内容及相关的资料可在教师指导下，学生自己动手查找，并制成投影片，这也贴合了以“教师为主导，学生为主体”的教学要求。

二、多媒体教学之弊

集文、声、图功能于一体的多媒体传播技术使教育形态从平面走向立体，从静态变为动态，从现时空走向超时空。我们告别了粉笔末满天飞的年代。然而，在多媒体的运用方面，我们也发现了一些弊端。

（一）不分主次，形式化

在新课标的要求下，我们的课堂用上了多媒体，并制作了课件，然而，课件上的内容主次不清，凡与课文有关的内容、图片能找上的都设置进来，只求花花绿绿，不求内容实质，课件趋于形式化。这样做不仅达不到运用后目的，反而影响了学生对重点内容的掌握，教师的课也是重点不突出，难点无突破。

（二）时间不准，随意化

由于个别教师对多媒体操作不熟练，导致在教学中该出现图片、表格等

时不出现，虽然在之后补充了上来，但这是与教学原则相违背的，而且也起不到多媒体适合性的特点。

（三）限制想象，死板化

我们中间不乏此类老师，在多媒体教学中将课文中描绘的内容制作成图片让学生欣赏。殊不知，文学欣赏的过程就是形象再创造的过程，艺术形象的创造也是审美的过程。“一千个观众就有一千个哈姆雷特。”我们的教学应该允许并要求学生有不同的理解，不可为求直观形象而违背文学艺术本身。

（四）照“板”说课，依赖化

我们身边也不乏此类教师，把一整节课的内容一字不差地全制作在课件上，上课时坐在电脑前，目不转睛地盯着电脑滔滔不绝地说课，这是以学生为主体吗？对课件过分依赖，违背了语文教师在课堂上充分发挥强有力的语言组织能力的优势要求，是不可取的。

（五）随手做来，迁就化

由于个别老师对计算机的操作并不熟练，导致课件制作质量不高，成为多媒体教学的一大缺陷。而那些专业的计算机人员水平虽然高，但不熟悉教材和学生，制出的课件又不适用于教学，迁就化严重。

由此看来，我们要充分、合理、科学地运用多媒体教学，在各方面完善自我，让多媒体教学和传统教学各显其长，扬长避短，让课堂开满艺术之花。

（此文发表在《吴堡中学报》2006年12月15日第10期，总第93期。）

初探交互式电子白板在初中语文古诗词课堂教学中的辅助应用

笔者身处教育一线二十多年，既见证了现代教育的发展，也见证了课堂教学依赖的黑板的演变历程。由黑板演变成数字化的交互式电子白板，除了具有PPT迅速、直观、容量大、图文并茂等方便课堂教学的优点外，还有更多深受师生喜爱之因。笔者现就交互式电子白板在初中语文古诗词课堂教学中的辅助应用作个简单介绍。

一、交互式电子白板使古诗词教学更易理解

黑板在课堂教学中沿用了很多年，功绩十分显赫。PPT与其结合提高了课堂时间的利用率，并激发了学生的学习兴趣，增加了学习的新颖性。从它走进课堂以来，一直受到推崇。交互式电子白板兼有黑板和PPT二者之功能，使语言高度凝练的古诗词学习起来浅显易懂，可谓“景随白板现、情从诗词出”。

二、交互式电子白板兼具教学内容的批注、编辑功能

如在乐府诗《木兰诗》PPT和视频的播放过程中，需要对诗中的“可汗”“鞍鞯”“溅溅”“啾啾”等重要词语做注音或意思的批注，在以往的课前

准备中，需要教师利用视频处理软件对所拍摄的视频进行文字的添加等处理，而利用交互式电子白板可以不加处理，在课堂教学时直接在白板上面标注或书写文字。同时能灵活地引入多种类型的数字化信息资源，并可对多媒体素材进行编辑、展示和控制。

三、交互式电子白板兼具古诗词教学绘画、图片处理功能

如教学唐诗《次北固山下》，颔联“潮平两岸阔，风正一帆悬”和颈联“海日生残夜，江春入旧年”是写景句，对于刚上七年级的学生，内容抽象难理解。为了帮助理解不了的同学，让学生利用交互电子白板丰富的绘画工具、元件等，在 PPT 上当堂绘出傍晚时分潮水上涨两岸顿时变得宽阔，晚风顺江吹得船帆高悬的美景简笔画，使学生感受诗人旅途顺利之喜悦，从而更好地理解尾联的思乡之情。

四、交互式电子白板使古诗词教学重点自然凸显

如教学宋词《水调歌头》，“人有悲欢离合，月有阴晴圆缺，此事古难全。但愿人长久，千里共婵娟”是本词的主旨句，为了重点显示这个主旨句，利用交互式电子白板的探照灯功能，通过标亮的方式将其突出显示，同时屏蔽其他内容，这样就更能引起学生的注意。

五、交互式电子白板使古诗词教学内容回放更方便

利用交互式电子白板的回放功能，一方面可以帮助教师进行课堂教学的回顾与总结；另一方面可以帮助教师在课后对古诗词课堂教学进行反思，从而更好地进行古诗词教学。另外，教师储存古诗词教学内容资源，学生也便于复习。

六、交互式电子白板使古诗词教学更加更利

交互式电子白板中的某些工具，例如放大、聚光灯、屏幕捕获等，可以对古诗词具体的细节内容进行放大、聚光灯照射、截取图像等，能引起学生注意，贴近教学需求。白板的拉幕动能、隐藏功能可刺激学生主动回答问题

的积极性，从而使古诗词知识和概念在演示中更加清晰明了，拓宽了学生思考问题的角度和方式。

七、交互式电子白板使古诗词教学资源储存和运用更方便

利用交互式电子白板教学古诗词，便于课堂动态资源的生成和保存，为教学反思提供平台。课堂中老师的讲话、板书、学生的发言等等，利用相应的软件都可以被系统自动记录下来，形成一个包含了课堂教学过程全貌的、可重复利用的古诗词教学综合性文档，方便了教师进行教学反思及总结。此外，还可将这些文件作为教学资源发布到校园网上等，学生可随时下载进行古诗词知识的复习。

当然，交互式电子白板在古诗词课堂教学中的优点远不止这些，我们还需继续摸索探究。

交互式电子白板在古诗词课堂教学中的运用对网速和屏幕的清洁度都提出更高的要求，对白板的书写要求也更严格，它的某些功能不及PPT，但这绝不影响其在古诗词教学中的功效。

课改仍在路上，交互电子白板在初中语文古诗词课堂教学中的辅助应用的探究也在路上，永无止境。

（此文发表于《数码设计》2018年第1期，并荣获国家级一等奖。）

参考文献：

1.赵春芳：《交互式电子白板的特征和主要功能》。
2.王健：《交互式电子白板在提高课堂效率优势具体表现》。

且行且思

QIEXING QIESI

陕西省中小学骨干班主任省级培训心得体会

如果把学校教育比成盖一幢大厦，那班主任就是盖大厦的脚手架，连接着每一个关键部位，是整个建筑的结点，维系着学生、学校、家庭和社会。作为一名班主任，我深深地意识到自己责任的重大。

——题记

2010年1月4—9日，我有幸被学校派往陕西教育学院参加由教育部师范教育司主办，陕西省教育厅、陕西教育学院承办的“陕西省中小学骨干班主任省级培训”。参加培训的有全省各市骨干班主任，共85名。其间，每天上下午各培训3个小时，我做到了守时、积极、认真、踏实，圆满完成了培训规定的全部内容。虽有点辛苦，但感受颇深，受益匪浅。

一、内容丰富，价值高

由陕西教育学院教育系梁朝阳主任主讲《主题活动参与班级管理模式》、陕西教育学院教研室王瑜主任主讲《新课改背景下的班主任专业化》、陕西教育学院王怡老师主讲《学生安全与未成年人保护》、陕西省学校心理健康教育培训中心姜娟芳老师主讲《青少年心理发展研究》、陕西教育学院教育系曲苒老师主讲《学习发动机》、陕西教育学院教育系刘荃信老师主讲《班主任工作政策法规》《班级团体心理辅导》、西安电子科技大学附中孙媛老师主讲《平凡的岗位　神圣的职责——对班主任工作的几点反思》，以及培训班班主任主持的“班主任沙龙”。一看所培训的内容，就知内容丰富，对处在教育一线的教师真是太实用了。

二、目标明确，切实际

无论是哪位主讲老师，他们对工作的态度，都使我深受感动，都让我深深感受到为了建立一支师德高尚、业务精湛、敢于创新的现代骨干班主任队伍，国家各级各类教育部门，特别是直接面对培训对象的讲师，他们需要付出多少辛勤的劳动。他们就是活生生的教材。听着他们的课不由心生敬意，思想得到提升。

三、现身说法，案例精

梁朝阳主任的案例“无人带的班自己带的策略”：从换班干部（申请的学生做“我打算怎样做”表态演讲）、改变班会性质（学生演讲给大家留下难忘的记忆）到激将法（活着不干正事，还不如不活；不如不活还得活，并活出个人样来）使我明白了带班是为了把不好的班带好、好班带得更好。陕西教育学院教研室王瑜主任的“一个后进生的进步足迹”案例更肯定了我不放弃后进生。不过还给我启示：后进生的教育也要依从教育理论，才能既省力又出效。

西安电子科技大学附中孙媛老师以“教师的社会公德”为题举例，班级大扫除，自己和学生一块干，充分发挥带头作用。怪不得她不下十次被各级教育部门评为优秀班主任，这与其和学生打成一片是分不开的。孙老师的确是班主任的表率，是我们学习的榜样。

四、指导引领，示范强

孙老师讲：“某时把利让给别人，有时也是一种得。”这理我挺赞成的，这是一种大度，这种大度还体现在金钱上。例如，一学生问：“考核不是为了拿到更多钱吗？”我说：“是为钱！但不是天下的事都能用钱摆平，假如能用钱摆平，那我用钱不就可以买来班级流动红旗吗？”面对经济大潮，孙老师给我们起了示范带头作用，正诠释了她的“平凡的岗位，不平凡的人生”这句话的深刻内涵。

如今，我在班级管理中时刻不忘在学习运用各位专家传的经，倍感受用。如班干部的选拔采取先演讲后投票方式，采取班干部轮流制、班级文化激励制。对后进生，依从教育理论管理，不单凭经验管理，科学管理学生。同时不断充电，提升自身素养，以适应时代的变化，做一个敢管、会管、善管的班主任。

点滴光芒放异彩

——“阳光师训”活动总结

说实话，当我接到被聘为阳光师训团教师的通知时，一向很自信的我不由地问自己：“你行吗？这可是去面对几个县的教师，并且带有‘传经送宝’之意！”

7月12日，我怀揣着一颗忐忑的心到长泰大酒店报到，看到满屋子的教师各个神采飞扬，听到他们高谈阔论，我又不由得问自己：“你真的行吗？”

“行，一定行！”这是发自我心底的坚定应答。

我选的是朱自清的《春》。好多人说名篇不好讲！可我偏要挑战一下，而且一定要达到预设的积极倡导自主、合作、探究的学习方式，努力创造开放而有活力的语文课堂，最终达到“从语文中来，到生活中去”的目的。哪怕是能仅给教书的同仁带去点滴有益的教学信息，我也乐此不疲。

7月13日，“阳光师训”动员会上，听着各位领导对本次项目的介绍，深知“聚焦课堂教学，引领教学研究”的使命，更感到自己肩上的担子非同一般，暗下决心绝不让领导、朋友失望。

动员会一散，我就迫不及待地加入教学设计的探究行列，祈盼得到组长的指导和朋友的帮助。看着朋友的课件，听着他们思绪井然、设计新颖的陈述，我不断地修改自己的设计。12个语文教师的展示，让大家看到了百花齐放、百家争鸣的教学实况。

于是，我抱着“择其善者而从之，其不善者而改之”的学习态度，参照领导和同仁的建议，再次深入研究课标，重新备课，设计课件，尽量让自己的展示生动起来。

7 月 14—16 日，我们一行人从靖边到定边再辗转到绥德，每天都是讲课、教学沙龙、自我反思等活动。在活动中我看到了同伴和另外三位同行的多彩、阳光的教学风采，同时也找到了努力的方向。听着三个县教师热情邀请：“以后多来和我们交流，让我们在新媒体新技术的环境下阳光教学。”我深感市教育局、教研室组织此次活动的意义所在——让我们榆林市教育真正快速阳光起来，更让我们榆林的发展阳光起来。

惊叹宜中

——宜川中学之行心得体会

去年听魏书生专家的报告，对其崇拜有加；
今年听崔其升校长的报告，为此感慨万分；
今见延安宜川中学的校容，对此惊叹不已！

——题记

两周前接到霍校长通知让我到延安市宜川县宜川中学实地考察时，我思绪很乱，因为6月25—26日正好是儿子参加中考的日子……经过一番思想斗争，抱着对儿子的信任，怀揣对宜川中学的向往，我随校考察团于6月26日赶赴宜川，一路颠簸来到了目的地，没想到颠簸的路通往令人惊叹不已的创新教育之地。

一、惊叹校园文化之精细

宜川中学，远看真的没啥特别之处。可一走进校园，我想每个考察者都有个共同的感触——惊叹！

首先映入眼帘的是“翠微楼”墙壁上的一段话：

学生不再是接受的容器，而是可燃的火把；
学生不再是配角，而是活动的主体；
学生不再是书本的奴隶，而是渴求真理的主人；
学生不是简单的机械，而是求索新知的行者。

在新课改的潮流下，我们虽然对学生的认识更新了，懂得了教师主导、学生主体的地位，懂得了不能体罚和变相体罚学生，但转变有个过程，尤其是在严师出高徒的思想长期引导下。听，好多家长一见老师就说："老师，您对孩子严一些，不对了可以打，我们做家长的也不会怪！"多么朴实、多么坦诚的心里话。但我们看了宜川中学的墙壁宣传语，不得不埋怨家长的"误导"，不得不重新审视我们对学生的认识还有很多误区。

再走进学校卫生间，你会发现，这个人人都需要却没有几个人重视的场所被宜川中学充分利用，其中一块漂亮的展板上写着卫生间使用规定：

1. 厕所是公共场所，要讲公德，讲文明，建设健康厕所文化。

2. 文明如厕，小便入池、大便入坑，并养成便后冲水的良好习惯。手纸等用后放入纸篓。

3. 克服不良行为：①用脚踢门；②在墙壁及隔断上乱画、乱写；③将杂物倒进下水道或便坑；④在厕所吸烟；⑤不爱护设施；⑥乱开关水龙头等。

4. 文明是进步的表现，做一个文明的宜中人，认真遵守本规定。

也许有人暗嗤，这些规定谁不知道？可我要说，知道归知道，做到才算真知道。谁做到了？宜中人！他们连卫生间都利用的如法妥帖适当，还用说别的地方？！

二、惊叹走廊文化之创新

多数学校的墙壁上都是名人画像和激励性名言，可是宜中的墙壁精彩纷呈，是宜中老师和学生展示的舞台、展现自我的宝地。

单看每个班门前的班级名片，就会感叹这些班级的团结、奋进、朝气、和谐。其中 2012 届 12 班的班名——精鹰战队。

最显眼的左上角是班主任的英姿，没有男性班主任固有的严肃、高傲，面带微笑却不失阳刚之气，给人包容一切的亲和力。下面是班主任寄语：我们有雄鹰的精神，我们有励志成才的目标，奋斗的过程是人生的财富，坚定信念，团结一心，奋斗拼搏，实现我们的理想。

这段寄语没有教师的居高临下之感，无限制约束，而是和学生地位平等，一派和谐，让人产生激励的、奋进的力量。

左下角是班级口号：魅力十足、激情澎湃、超越梦想、独一无二。

右边班名下是班训：用勤奋体现真理，用坚持品味成功。

班级奋斗目标：动起来，我们互助，坚定激情；说起来，我们勇敢，标准响亮；思起来，我们周密，准确细致；静下来，我们严肃，刻苦认真。

最下面是朝气蓬勃的全班集体照片。

看看，无一不体现团结奋进、斗志昂扬，无一处不体现自主创新、朝气蓬勃。走廊里无一处空着的地方，还有班徽、班级誓言、班级之星、班级荣誉墙、班级才艺展、团员园地、班级制度等等，处处是知识，走廊文化的确做到了“为学生发展而存”。

三、惊叹班级文化之特色

从走廊文化我已真切地感受到班级文化的特色。当走进教室，感觉特色不仅仅体现在走廊，更体现在教室里。

教室前后黑板分块展示，每块上面有组名和全组集体照。当我们在教室里询问情况时，没有一个学生四处张望，大家都惊叹于学生的从容与淡定。

黑板下方每人的目标栏，让我深深感受到竞争的激烈。

走出教室，看见走廊墙上的“做好小事养成习惯，塑造品质成就大业”的标语。与班主任一交流才知道，班级的所有具体事务，甚至小到检查鞋带，都是学生们自己处理，根本不需要班主任劳神。此时，我更加真切地理解山东杜郎口中学校长崔其升所说：“任何事情只有落实到具体的人，才能收到好效果。”

四、惊叹学生个性之张扬

回看走廊文化，支部专栏、学习之星、管理之星、高效自主管理之星、优秀学生风采展示、“翰林书院”栏……内容之精彩纷呈，有学生的风采照、经典话语、座右铭、教师寄语、书画作品、优秀习作、优秀学案等等，无处不体现学生的个性。这些生动的镜头久久萦绕在我的脑际，让我心潮澎湃，不免感慨：不光敢想，还要会做，更要会展示！

五、惊叹课堂教学之自主展示

课堂教学是学校教学工作的重要环节，也是我们考察的一项重要内容。但因为本次考察临近学期尾声，所以没能看到“三环节导学式教学法”之风采。不过，还是有幸与宜中语文组、教研组长座谈，了解“三环节”教学法之特点。“三环节”教学法，是以学生自主学习为核心，改革课堂教学模式为“自主学习—讨论展示—检测小结”，以学案为整个教学环节的载体，通过教师点拨、引导和帮助，让学生在使用学案过程中质疑、选择、分析、综合和概括，通过讨论、交流、展示等方式激发学生学习的动机与欲望，进而养成自主学习的习惯，并不断优化自主学习的方法，提高自主学习能力。在宜川中学的课堂上，老师的“讲”已成为历史，听到的是学生讲、读、讨论，看到的是学生写、练、展示，想到的是新、竞、超常规。他们真正把课堂交给了学生，印证了“一切为学生的发展而存在”的办学理念。自主展示、自主课堂在此无可挑剔。

六、惊叹学生自我管理之高效

走廊的“班级学生值周情况通报栏”“学生自主管理效果检查考核栏”“身边闪光琐事栏”等等，都彰显着学生自我管理的高效。无论哪个年级、哪个班级、哪节课，当考察者走进教室，学生们都是一个状态：认真学习、专心思考、精彩回答……

七、惊叹校长教学理念之独特

在崔校长的带领下，我们有幸参加了与宜川中学校长的座谈会，聆听、思考、领会创新“三套车”管理，即与学生在办公室里零距离交流，和学生饭桌上交流，给学生买小东西去感化。

哦，怪不得这所学校几年来没发生过一次打架事件，平常教室里连一片纸屑都发现不了。超前的思想，超强的教育理念，超常的教育行为……形成经济落后地区践行知名教育理念的“宜中教育现象”。

所以，我要大声说：在教育改革的大潮下，成功属于陕西的宜中！它，是我们的引领者！

（此文荣获2012年榆林市“国庆杯”优秀教育教学论文评选二等奖，榆林市教育局2012年度基础教育教学成果评选三等奖，2012—2013年《学苑新报》教研论文评选一等奖。）

当下，我们究竟该如何搞教育

——读《爱的教育》有感

自 1992 年从教以来，我的教学理念和教学模式也随着时代一直在改变。从教学初期的“严师出高徒”理念，发展到“笑脸教学”理念，再到“以人为本”理念、“全面发展”理念，现在是“素质教育”理念。不同时代，教学理念不同，可面对我国以学习成绩为首的人才选拔机制，教师的教学行为真正改了吗？家长、老师、学校、各级教育部门首先关注的是孩子的考试成绩，因为家长认为只有考个好大学，孩子才有光明的未来；对于老师，学生考试成绩好，就是其教学业绩高的最好证明，各级教育部门也以此来作为衡量学校办学效率的标准；各级教育部门，国家选拔人才首先看的仍是考试成绩。

因此，我们不得不反思：当下，我们究竟该如何搞教育？

当再次读意大利著名作家亚米契斯的《爱的教育》著作，深有启发。这部著作之所以 100 多年来成为世界文学史上经久不衰的文学名著，就是因为全书字里行间洋溢着感人肺腑的“爱”——真爱。真爱体现在大至国家、民族，小到社会个体——父母、师长、同学、亲友，甚至陌生人之间。

在《开学的第一天》一文里，恩里科“刚到校门口，就突然感觉有人在我肩上拍了一下，原来是我三年级时的班主任，红色卷发的他还跟以前一样，仍是那么爽朗、乐观。他乐呵呵地对我说……我的心隐隐作痛。”可见，原来的老师对学生的真爱。三年级时的班主任，已过去一年多了，此时还向我打招呼，“恩里科，这学期你要到楼上去上课了，我再也看不到你从我门口经过了。”他望着我，不舍地说，就是新的班主任，恩里科起先感觉“很讨厌，可后来感觉也挺可爱的”。面对跳到长椅上站起来模仿木偶做鬼脸的学生，新班主任对他说:“以后别这样了。”随后什么都没说。宣布放学时，学生却声音颤抖着对他说:“老师，原谅我吧！”班主任在他额上吻了一下，告诉他说:“回去吧，孩子。”这些老师都是怀揣真爱的！

《爱的教育》中具有真爱的老师形象塑造了不少，正因为有了这些懂得真爱的教育，孩子们才敢在犯错误后勇敢承认错误并改正，成为懂得回报真爱的人。

我们再看看这里的家长。开学第一天“走出学校，我便急切地想到母亲”。这是对于一个刚离开熟悉的老师和同学进入新集体的小学生再正常不过的心理。“见到她（母亲），我就跑过去吻她的手背。她对我说:‘勇敢点，恩里科，我们一起学习，一起进步！’”

《在楼阁里》一文中，当我和母亲、姐姐给报纸上刊登的那个可怜女人送亚麻布时，我看到了克罗斯。“那不是克罗斯吗？那个菜贩的儿子，那个有一只残臂的克罗斯啊。”我轻声告诉母亲我刚刚看到的情况。“别出声儿，”母亲答道，“让他知道你在施舍东西给他的母亲，他可能会为此感到羞耻。”这是一位多么懂得关爱孩子、尊重孩子、维护孩子尊严的母亲！

无独有偶,《爱的教育》一书里塑造的家长、师长、学生都沉浸在真爱的蜜罐中。

为此，我不禁反问，难道我们不应该反思我们的教学行为吗？我国的教育方针：坚持教育为社会主义现代化建设服务、为人民服务，把立德、树人作为教育的根本任务，全面实施素质教育，培养德智体美全面发展的社会主义建设者和接班人，努力办好人民满意的教育。新的课程标准也明确提出“教育要面向全体学生全面发展”，“促进学生个性发展”。

综上所述，我认为要搞好教育，就要借鉴《爱的教育》里的教育理念，真正以人为本，从关心德育教育入手，时刻怀揣真爱，让好的更好，不好的变好。

不忘初心　牢记使命

——2017“丝路之秋”当代名师大讲堂观后感

从教25年来，一直处在教育一线，当面对高分低能的学生时，我不禁反复问自己：“教育的目的究竟是什么？”2017年10月14—15日有幸亲临“2017‘丝路之秋’当代名师大讲堂”中学语文会场，聆听全国著名教育专家和陕西及邻省的名师公开课，对此疑惑也有了进一步的诠释。

教育的真正内涵，即养成学生健全的个性或人格。与会专家、学者深感要达到此目的，必须不忘初心，牢记使命。

一、教师使命之一：亲和，走进学生的心里

会议开幕式上，与会领导强调：“传统的教育理念已不能适应现代教育。现代教育要个性化教育，即人的教育。”我想，既然是人的教育，那“严师出高徒”的教学理念还适应吗？

镜头回到山西省首届教学能手太原三十七中语文老师乔健的七年级公开课《朝花夕拾》现场。乔老师手拿课本轻盈步入课堂，以柔美亲切的声调问候学生。然后手举着书，用轻柔的语调面带微笑地问学生：“亲爱的同学们，看到《朝花夕拾》的封面，你们会想到什么？是从什么时候对它感兴趣的？”如此接近阅读生活的导入，连台下观摩的我都被感染了，更何况课堂中的学

生。就这样，整节课学生在乔老师循循善诱下积极踊跃参与，显得轻松愉快。这正是“眼睛里有星星”的乔老师亲和走进学生心里的课堂魅力所在。

二、教师使命之二：公平对待每位学生

无论哪个学生，没有不想得到老师重视的。公平地对待每位学生，包括学困生。可教师真要做到公平，难免会被现实教学环境下各种情况所困扰。而在本次名师大讲堂上，我看到了难以公平的公平。

著名语文特级教师余映潮老师的七年级《诫子书》公开课，一课四学——识文词、知文句、诵文章、赏文笔，各环节下来，每个学生都得到了展示，所以，他们满心收获喜悦。试想，如此由浅入深、逐层深入的课堂，学生还会思想抛锚吗？

三、教师使命之三：真爱，打开学生的心灵

胡明道老师是湖北省中学语文特级教师，她在公开课上讲的是八年级上册《湖心亭看雪》一文，是篇文言文。文言文的教学一直是初中语文的难点，然而，在胡老师的课堂上，文言文被化难为易，这要感谢胡老师的真爱。

胡老师的教态、思维、教学设计无处不体现着真爱。

胡老师利用课间与学生交流：“亲爱的同学们，在上课之前，老师想进行一次采访。”学生一听要“采访”，那是多么骄傲的事啊，立刻流露出渴望的神情。于是，胡老师就在“你们谁去过西湖以及什么时候去的”采访中得知学生中有去过西湖的，但是在白天天气好的时候去的。“在大雪之中的傍晚时分有没有人去看过西湖？”胡老师问。“没有。有的话就太不可思议了。”老师以掌声鼓励。之后，学生们带着这不可思议步入了文言文的赏析。在此过程中，每个教学环节的设置都把学生放在首位，就连板书也由学生完成。“孩子们，谢谢你们的配合！慢走！”公开课结束后，胡老师拍着最后一个学生的肩膀，爱意浓浓。我不禁感慨：真爱体现在细节啊！

四、教师的使命之四：创新，挖掘孩子的潜力

个性化教育，就是在遵循教育理念和规则的前提下进行创新。这方面，清华大学附中语文特级教师赵谦翔的《绿色作文——学写“微文”》一课给了我很大的启发。

当赵老师用多媒体打开上海清华校友艺术团歌唱表演图片导入“微文”二字时，毫不避讳地说，起初我很疑惑啥是“微文”？当屏幕上出示微文要求“精诚：真言；精炼：简言；精彩：美言”时，我这才反应过来，原来是写表扬词。他把表扬词创新成“微文”，培养学生的兴趣不言而喻。接下来的整节课，除了老师的示范外，都是学生练笔、展示、点评，趣味盎然，精彩纷呈。

教学经验告诉我，孩子们的潜力，就是在如赵老师这样的创新中被发掘的。

五、教师使命之五：改革，培养孩子的自立

“学以致用”一直是我很欣赏的教育理念。可每当看到学生沉默寡言，“学生为什么不爱说话”的疑问就萦绕在我的脑际。尽管自己绞尽脑汁想让学生多展示，但仍有一小部分学生从不主动发言。清华附中语文特级教师王君老师让我大开眼界，语文课还能这样上，这就是“整合”之魅力！

然而，更让我惊奇的是她整节课虽然只分析“骂”，却“骂”得淋漓尽致！很疑惑吧！请看，她是把《范进中举》《孔乙已》《窃读记》三篇小说的“骂”整合起来，根据骂的社会背景、原因、对象、口气等不同特点分析，让学生来“骂”她（学生扮“骂”方，老师扮被“骂”方）。这样，展示的学生一改平日对老师的“尊”而“破口大骂”。观摩的老师无不瞠目结舌，她是如何想到如此新颖的教学方式？

在接下来王老师的微专题报告《青春语文：见自我 见天地 见众生》中我得到了答案：她也是看到学生们不会交流才想此绝招。

我想，这堂公开课后，学生们肯定学会了把人“骂”得六神无主。这些老师给我的教学启发不是单方面的，而是全面的。他们时刻不忘初心，牢记使命。

（此文发表于《教育科学（全文版）》2018年6月1卷，并经本刊专家委员会评审，授予优秀论文一等奖。）

综合教育

ZONGHE JIAOYU

现代家庭教育刍议

“老师，孩子在家根本没办法管！一家子人谁都不怕。说轻则吹胡子瞪眼，说重则离家出走！”一个父亲无可奈何地说。

“老师，没办法，为了孩子不往网吧跑，我只好买了台电脑，让她在家玩游戏，别在外面出乱子。”一位着装时髦的家长红着眼圈满脸忧伤地说。

“老师，我尽力了！我真的不想让孩子上学了！那孩子没救了！”一位平日很有口才的家长，在我邀请他来校配合工作时，从电话另一头传来绝望的声音。

“老师，这孩子太硬了，家里根本管不住，只好让他住校请你们管管！老师的话他或许还能听进去！”

甚至一位从事教育工作十几年的男教师为了孩子找到校长，含着泪花说：“我看见我的孩子就怕。你们也不用管它，他来了就是学生，不来校也不管他。就是有什么事，我也不会让你们负责！”

男儿有泪不轻弹，这男儿泪是为何？

……

我从教二十多年，见证了很多家庭教育成功的喜悦，也目睹了不少家庭教育失败的痛苦。面对失败的家庭教育、家长们忧伤的眼神和旋转的泪花，不禁痛心地发问：为何现代家庭教育有如此多的失败？

为什么孩子出生时内心充满了喜悦和骄傲的父母，在仅仅过去几年后，心头肉变成了心头刺，无比开心变成了无尽闹心，无上骄傲变成了无地自容，甚至有的父母感觉生活没了光彩，失去了意义，生不如死？

笔者认为，这与现代家庭教育有直接的关系。

一、父母“无证上岗”

心理学家陆惠萍言：“做父母也需要取得‘资格证’！”我完全赞同她的观点。好多家长认为，自己想方设法给孩子创造优越的学习和生活条件，可孩子却不理解，不理解自己无私的爱，更不懂得感恩。

殊不知，正是因为家长们这种不正常的爱，导致教育的失败。爱是一种本能，动物亦会，可是对于人类来说，爱应该是一门伟大的艺术！不经这门艺术的专业训练，“无证上岗”，许多不愉快甚至人生悲剧就不可避免地来临。陆惠萍说：“不懂得孩子，就培养不出好孩子！爱孩子是一种本能，连老母鸡都会做！但是如何去爱，却是一门伟大的学问！我们没有受过任何‘职业训练’，完全‘无证上岗’，而一旦上岗，我们却理所当然地认为自己可以做父母，于是许多家庭冲突、人生悲剧就不可避免地发生了。”

爱，应建立在相互学习、共同成长的基础上，父母的确要教育孩子、履行监护人的责任，但同时应努力去发现孩子身上的优点，向他们学习，和他们共同成长。与孩子一起成长是化代沟为桥梁的一个秘诀。

五六岁的孩子道德观念还没有形成，不懂得随便拿别人的东西是不对的。再加上这个年龄段的孩子仍以自我为中心，会因为喜欢而随意拿走别人的东西，这时，家长应如何处理呢？有些家长不问青红皂白地冲小孩喊：“你怎么可以偷别人的东西呢？”甚至还会粗暴地打骂孩子一顿，殊不知，这样处理既伤了孩子的自尊心，又不能让孩子真正明白别人的东西未经许可是不能随便拿的道理，有时反而会使孩子产生逆反心理。

当然，孩子拿了别人的东西，家长视而不见也是不行的，因为这样做孩子就意识不到自己的错误，会养成不好的习惯，也助长了他的物质占有欲。这时候，家长应该冷静地给孩子一些有益的指导。

再如，当孩子又在恶作剧，你催了好几遍他还是不动窝的时候，劳累了一天的父母往往难以控制自己的情绪，对孩子吼了起来。对孩子发脾气，确实会让孩子害怕。在恐惧中，虽然孩子暂时中止了那些让父母心烦的行为，但孩子会怎么样呢？推断一下有这样几种可能：一是他乖乖地听你指挥，你让干什么，他就干什么；二是他被吓呆了，愣在那儿不动；三是大哭起来，既不会干你不希望他干的事，也不去干你想让他干的事；四是学父母的样子，也发起火来，把东西扔到地上。孩子是十分敏感的。因此，父母发脾气也一定会影响到孩子的行为和情绪。但是，孩子却不清楚父母为什么发脾气。也就是说，在很多父母发脾气的时候，孩子虽然停止了父母所不期望的行为，但他们并不知道自己到底做错了什么。有时候，情况还会更复杂一些。在平常，孩子做错了什么也许并不足以引起父母发脾气，但此时此刻，也许你正因与别人的关系矛盾或工作困境等而心烦意乱，于是，孩子那点儿小毛病便成了导火索。显然，这火发到孩子身上是不公平的，而且，很多时候，发火解决不了根本问题。这种不懂孩子的心理、不知道控制自己的情绪、不能冷静对待孩子的错误、不会正确处理与孩子的关系的家长，就属于“无证上岗”的家长。

因此，作为家长，必须多开动脑筋，多自我锻炼，争取“持证上岗”，那样就能够清楚地分析和面对孩子的问题，就能够做到冷静，不对孩子发脾气。但是，在现实生活中，我们很难做到。情绪，有时并不受我们意志的控制，那么，我们该怎么办呢？

换个角度想想看：一是发火对孩子到底有没有用？有用。它阻止了孩子的不良行为，紧急时刻，你的一声吼也许能够让孩子避开危险。二是除了感到害怕，孩子还能学到什么？他学到了以下几点：除了他自己以外，还有别人存在，别人也是有脾气的，他要学着尊重他人；情急中，每个人都会发火；这种情绪表达有可能给彼此的关系带来紧张的气氛，事后，父母往往会通过一定的行为来消除紧张，修复关系。三是发火对你自己到底有没有用？有用。让你累积的情绪得到迅速宣泄，之后，你的头脑很快会理智起来。有不少父母刚吼到一半，便意识到过分了。所以，做父母也一定要进行“上岗培训”。

二、唯我独尊的家庭教育作怪

中国的现状是：全家人围着孩子转，一切顺从孩子，为了孩子。因此，子女在家庭中成了“小皇帝”“ 小公主”，衣来伸手，饭来张口，父母为了孩子可“上九天揽月，下五洋捉鳖”，由此，渐渐形成了孩子的自我中心意识，在行为上表现为唯我独尊，难与同伴相处。孩子的一些不良习惯正是在父母的娇惯中滋生的。以我为中心的现象导致家庭教育的失败。因为，成为家里“小皇帝”“ 小公主”的同时，也成了“现代奴隶”，即在优先享受物质方面，他们更像一个“小皇帝”“小公主”，而在创造力发展等方面，他们更像一个“奴隶”。如同中日儿童《夏令营中的较量》一文揭示的那样，不是中国的孩子不行，而是中国的家庭教育危机深重，我们应当为了孩子改造成年人的世界！家庭中父母教养方式和父母对子女态度是影响独生子女人格发展的重要因素。

有些家长说，自己的孩子要什么家长就必须要满足，否则，轻则大发雷霆，重则不上学或离家出走。这怪谁呢？唯我独尊的家庭教育真是可悲！

三、家长的“满足供应”是导火索

现代社会发展了，家庭经济状况好了，家长也能大方一点了，所以，有些家长尽量满足孩子的要求。殊不知，过度满足让孩子失去了上进心，导致不爱做作业，认为学习好不好无所谓。

“我们宁可一睁眼担心公司的生意不好，也不愿像现在一样每天早上醒来就开始发愁孩子的学习。做生意可能有赔有赚，但孩子一旦对学习没了兴趣，对我们来说可就是赔了一生。”杨女士最近像祥林嫂似的，类似的话一遍遍地对别人说起。

她的孩子今年已经初三了，但学习起来就像给别人学的，大人盯得紧就看两眼，不盯就玩自己的，不是玩手机、看电视，就是上网聊天。中考前，孩子也着急，但光着急不用功。

“这和我从小对孩子的教育有关，从小他几乎是要什么我们就给什么，孩子长大了，可是对什么似乎都没欲望了。”杨女士的唠叨经常会加上这样的自责。

杨女士的儿子小雨从小是个宠儿。无论是在爷爷奶奶家，还是在姥姥姥爷家，他都是第三代中第一个出生的孩子。还没出生时，他就受到所有人的关注。出生后，玩具、零食、漂亮衣服，几乎是要什么有什么。刚开始，甚至是全家人比着给他买东西，今天这个人带回一个好玩的，明天又有人带好吃的。

刚上小学，有一次班里评小红花，奖品是一支铅笔，小雨因为有一次忘带作业而没有得到，于是哭着回家。杨女士看到孩子哭得伤心，竟然立刻出去买来十支铅笔。

就这样，家人都记得小雨小时候的优点：从来不像有的小孩一样撒泼，不给买什么就大闹，他从不哭闹要什么。后来小雨回想起来，这是因为那时候家里人多，自己想要什么，这个人不给买，另一个人可能就会偷偷买来给他，自己没有必要再去哭闹。“这道理我很小就悟出来了。”小雨想起这些，还觉得自己挺聪明。

慢慢的，小雨父母发现再这样下去不行，想要的东西不用费劲轻而易举就能得到，对孩子以后的成长极其不利。他们想过改变教育方法，可为时已晚，根本行不通。

小雨想要 MP3，父母便承诺期末考好了，就给买一个。考试成绩出来了，小雨依旧考得一塌糊涂。但是小叔第二天还是拿来一个精美的 MP3。而条件则改成“这次就算了，下次一定考好”。

“看到小孩想要什么却得不到的那种眼神，我就心软了。”小叔的这种心软，是全家人的通病，一直持续了十几年。

后来，杨女士和丈夫一起做生意，家里经济条件更好了。车子好，房子也好。从小雨上小学开始，就是父母用车接送，这在汽车还不普及时，很让别的同学羡慕。

一开始，物质激励对小雨学习还能起到一定作用，考不好，他也觉得难为情。可到后来，考得好有奖励，考得不好惩罚也从不兑现。学习对于小雨成了无所谓的事。

小雨的成绩一直不好。小升初时，只考了 B 级，这样的成绩只能上一个非常普通的中学。于是全家总动员，通过关系让小雨上了区里最好的中学。

“我们怎么能跟小雨比，每天高级车接送，成绩不好还能上好中学。”听到同学这样说，小雨感到很自豪。

虽然到了好中学，但小雨的成绩根本不能和大部分凭分数考进来的同学相比，一个学期后，他的成绩毫无悬念地在班级里垫底。小雨的父母意识到这样下去这个孩子就完了，没办法，又把他转到了一所很普通的学校。之后，父母对于小雨的学习盯得更紧了，但小雨根本提不起兴趣来。

快中考了，但小雨没有一点紧迫感，反而为自己找理由："就算努力学习考上了大学又能怎么样？还不像我表姐一样。"

从小成绩一直非常好的表姐高考时发挥失常，只考上一所市属大学。毕业后，找了几份工作都不满意，除了公务员，什么工作她都看不上，可也没考上公务员。后来，她干脆在家里待着，不想去找工作，理由是给别人打工没意思，挣的钱还不如父母给的零用钱多。

小雨感到自己在学习方面没有了动力，就经常自我安慰说："按我的成绩，情况最好也就是上一所普通大学，之后就会像我表姐一样，仍然找不到一份满意的工作，那我现在努力什么呀？"

物质上的富足，让小雨不知道精神上的追求在哪里，也没有明确的爱好，更不知今后自己能干什么。

小雨的妈妈看到一个理论，叫"腐烂的脐带"，这个理论把父母与子女之间的关系比作一根即将腐烂的脐带，让人厌恶，却又无法割断。

和小雨家的教育方式不同的大有人在。一个六七岁的女孩，很想给自己的芭比娃娃买一套"家具"，可是家长一直没有答应她。正好女儿要参加一场钢琴比赛，妈妈就给她定了一个目标：如果能进决赛就可以买。小女孩为了这套玩具家具，一段时间内练琴非常主动，到时间就自己坐在钢琴前，而且再也没与家长就一首曲子要弹多少遍讨价还价过。

经过一段时间的准备，小女孩参加了预赛，以并不算太好的成绩进入了决赛。这时，女儿要求买"家具"，但妈妈还是不松口："现在买可以，但是只能买一套小的，如果想要大的，要等你决赛拿了名次才能买。"女儿想了一会儿，还是决定参加决赛后再买，因为她还是喜欢全套玩具家具，不仅有床、衣柜、梳妆台，还有书架和沙发呢！

又坚持了一个星期的练习，决赛时，女儿发挥得很好，竟然得了这个组的前几名，意外地得到了300元的奖金。小姑娘第一次通过自己的努力挣来了钱，全家人高兴地到商场让小女孩自己挑一套芭比的家具，小女孩还用剩下的钱顺便给自己刚出生的小表弟买了一个小玩具。

“适度不满足可以让孩子再跳一下，让她在各方面有种动力，当然，小时候可以以物质诱惑为主，之后，则转为对知识的追求，再往后可能就是理想了。”这是小女孩母亲的体会。时刻提醒自己让孩子保持好奇心、有“欲望”的同时，还要保护儿童的梦想。

所以，我们说“满足供应”会抹杀孩子的自信心与动力，这是家庭教育失败的又一大原因。

四、过度溺爱也是一大原因

一位同事，不知是什么原因和爱人关系一直不好，后来到了闹离婚的地步，可是就在他们去办手续的前一天晚上，丈母娘突然去世了。两个人忙于料理后事，就把离婚的事暂时延后了。半年后再见到这对夫妻，发现两个人不但没有离婚，反而越来越幸福了。后来通过了解才知道，原来以前同事的岳母住在他们家里，因为太过于心疼女儿，总是帮助料理家务、带孩子、洗衣服、做饭……事无巨细，这些让同事感到透不过气来，觉得自己娶了一个没长大的女孩。同事只要让她去干活，她就觉得同事对她不好，只有妈妈对她最好。故事讲到这里大家都知道结果了，据说现在同事的妻子在家什么都做，两个人日子过得不仅充实，还充满了欢乐。

所以，我认为，世界上最失败的家庭教育就是什么都帮孩子做，其实最应该做的就是让孩子从小养成独立的人格。

现在学生上学、放学路上，走不了两步就能看见为孩子拎书包或打雨伞、太阳伞的家长，有时一只手拎着刚买来的菜，而另一只手还拖着孩子（大小都有）。家长们，这样的孩子能自己做事吗？

五、家长自身素质差也是一大原因

父母是子女的启蒙老师。相关调查显示：凡是夫妻关系融洽、和谐的家庭的孩子，大都能健康快乐成长，出现问题的是极少数；夫妻关系紧张甚至闹离婚的家庭的孩子，相当一部分孩子有心理障碍，沉迷网络、追星、早恋等现象最容易在这些孩子中发生。这些孩子在现实生活中缺少父爱或母爱，最容易通过以上方式寻求精神寄托。

家不是讲理的地方，家是讲爱的地方。婚姻是一个空盒子，里边本没有爱，放进去爱，才能取出来爱。世界上即无十全十美的人，又哪来十全十美的婚姻?

如果人人都能做一个负责任的人，人人都注重提升自身素质，加强自身修养，对自己的家庭负责，对自己的孩子负责，就会避免孩子出现各种问题。如果这样，我们的国民素质也会越来越高，社会将更加安定，我们构建和谐社会的速度就更快了。国家教育，匹夫有责，每个公民都应当从自身做起，关注教育。

总之，要让孩子成人、成才，家庭教育是至关重要的，而且只有教师和家长协调一致，才能形成教育合力，让孩子的人生幸福 。愿家长能担负起更大的责任，让家庭教育更好地发挥它的效力，展示它的风采。

参考文献

孙云晓：《父母的上岗执照：合格父母的12条准则》，安徽教育出版社，2007年。

传承优秀文化　弘扬民族精神

在人类历史发展中，中华民族虽历经风雨沧桑，但总能克服困难，不断前进。中华民族的历史、文明从未中断过。中华民族之所以能够历经劫难而奋发图强，展现出强大的生机和活力，一个重要原因就是在千百年的历史发展中形成了以爱国主义为核心的伟大民族精神。当前，传承优秀传统文化，弘扬民族精神，是我们义不容辞的责任和义务。

悠久的历史、灿烂的文化孕育出伟大的民族精神 。中华民族精神内涵丰富，博大精深，其核心是以爱国主义为核心的团结统一精神，其支撑点是自强不息的开创精神、艰苦奋斗的自立精神。

中国有着五千多年的文明史，众多的民族共同生活在这片土地上。民族之间的交往和融合，培育发展出团结统一的爱国主义精神。

早在两千多年前，中国就已经形成统一的多民族国家。因为统一，中国的传统文化得以保存并绵延不断，国家的尊严和独立得以维护，农业、手工业、商业得到不断发展。

中国辽阔的疆域，是各民族共同努力开拓的。少数民族大多居于边疆地区，这些地区与汉族聚居的黄河流域、长江流域相比，自然地理有较大的差别。由于生产和生活的需要，边疆地区的少数民族同中原地区的汉族互相交流。这种经济上的联系，形成了自然的凝聚力。追求统一，始终是各民族的共同愿望。在古代，一直存在着众多的民族文化，不同地域的文化相互取长补短、互通有无。各民族冲破山河阻隔，一直进行着密切的经济和文化交流，形成了多元一体的格局。各民族交往的过程，也是民族大融合的过程，逐渐形成了中华民族的共同文化和心理特征。

中华民族素来以勤劳勇敢、艰苦奋斗著称于世。“艰难困苦，玉汝于成。”“居安思危，戒奢以俭。”中华民族顽强拼搏，培育出艰苦奋斗的自立精神。

艰苦奋斗精神还表现在一些有识之士身上。早在古代，就有了治国要“如履薄冰，如临深渊”的比喻。这种精神又被古人概括为“居安思危”。《易传》中有一句名言：“安而不忘危，存而不忘亡，治而不忘乱，是以身安而国家可保也。”就是要求统治者保持清醒的头脑，不陶醉于胜利的欢乐，应具备忧患意识。孔子说：“德之不修，学之不讲，闻义不能徙，不善不能改，是吾忧也。”在他看来，道德教化不能普及天下，正是他的忧思所在。战国时期楚国大夫屈原的《离骚》更是忧患情怀的杰作。宋代政治家范仲淹在《岳阳楼记》中的“先天下之忧而忧，后天下之乐而乐”更是将忧患意识提到了一个新的高度。

艰苦奋斗的精神在民间有着深厚的根基。长期的历史熏陶，使广大人民群众养成了以勤俭为荣的风尚。勤俭节约、艰苦奋斗成为中华儿女陶冶性情、磨砺人格的重要品质，并且逐步扩展，从个人到家庭，再到国家，艰苦奋斗被看作是立身、立家、立国的根本。

在革命战争年代，中国共产党将艰苦奋斗精神和追求民族独立有机结合起来，在个人理想和国家命运的结合上达到了一个新的境界。毛泽东同志在七届二中全会上提出了“两个务必”的要求，倡导继续保持艰苦奋斗的作风。今天，我们从事的事业是前无古人的事业，更应将艰苦奋斗的民族精神提到新的高度，并努力加以实践。特别是当我们的事业取得伟大成绩的时候，就更加需要发扬艰苦奋斗的精神。只有这样，我们才能立于不败之地。

爱国主义、自强不息、艰苦奋斗三个方面，是中华民族精神主要的内容，是我们推动全面建设小康社会、开创中国特色社会主义事业新局面的精神依托。

只有扶志、扶智才能真正扶贫

“没有共产党就没有新中国，没有共产党就没有新中国。共产党辛劳为民族，共产党他一心救中国，他指给了人民解放的道路，他领导中国走向光明……没有共产党就没有新中国！”这首由曹火星1943年创作的脍炙人口、久唱不衰的经典老歌，鼓舞、激励了多少中国人。

“社会主义好，社会主义好！社会主义国家人民地位高……共产党好，共产党好！共产党领导中国富强了……”这首由希扬作词、李焕之作曲的流行于20世纪50年代的革命歌曲，高度颂扬了共产党领导下的新中国掀起社会主义建设高潮的欣欣向荣的景象。

“楼上楼下，电灯电话，坐在炕上还看见那北京城！”这是70年代眉户剧台词。老百姓听着这台词还嘀咕着：“吹牛了！有了共产党，人民不再受欺压、能当家做主人，已经很好啦！哪还能坐在炕上看到那北京城？”

改革开放40年，中国人实现了由贫穷到温饱，再到整体小康的跨越式转变；中国社会实现了由封闭、贫穷、落后和缺乏生机到开放、富强、文明和充满活力的历史巨变。中国人民的物质生活总体达到小康，主人翁意识明显增强，受教育水平和文明程度显著提高，经济、政治、文化建设成效显著，社会整体文明程度大幅提升，等等，过去那个贫穷落后的社会发生了翻天覆地的变化。看成就，想变化，回顾中国改革开放的历程，我们取得了伟大的成就，政治、经济、军事、文化、体育、人民群众的生活水平和社会发展水平都得到了极大的提高，国际地位和声望不断提高，这使得我们更有信心高举中国特色社会主义伟大旗帜，更有信心坚定走中国特色社会主义道路，更有信心履行好新世纪新阶段的历史使命。

改革开放，使中国经济蓬勃发展；改革开放，使人民安居乐业。其间，党和国家把扶贫工作作为重中之重，扶贫工作成效明显。联合国和国际有关组织认为，在消除贫困方面，中国政府作出了巨大的努力，是发展中国家的典范。有人这样评论：“改革开放，活了经济，强了国家，富了人民！精准扶贫，共同富裕，共同进步，共同繁荣！伟大的时代造就伟大的事业！伟大的领袖引领实现伟大的梦想！国家意志、民族梦想完美的结合！”

去年，初中同学建了微信群，好多同学感慨：现在社会多好呀！三十多年都没见面的老同学，虽远隔千山万水却能任意畅聊！

“哎呀，看现在，我们都得注意肥胖症。上初中那会，不管是上午还是下午，最后一节课都能听见肚子饿得咕咕叫，老期盼快点下课吃饭，哪里还有心思认真学习。可下课吃的啥：手里捧着‘黑蛋蛋’，端着饭碗照太阳……”

看着同学们的聊天内容，我眼前不由又浮现出《平凡的世界》里孙少平和郝红梅下课后偷偷摸摸去取“黑蛋蛋”的镜头。是啊，那会有多少学生受不了那份饥肠辘辘而退学，又有多少优秀学生因贫困不得不辍学回家帮家里挣钱。

实践证明，我国扶贫政策的的确确是得民心的治国良策。从2013年11月，习近平总书记到湖南湘西考察时首次作出了“实事求是、因地制宜、分类指导、精准扶贫”的重要指示，极大地鼓舞了人心，全国各地扶贫攻坚工作全面铺开，扶贫工作成为各级党委、政府首要任务，各地都制定了符合地方具体实际的精准扶贫方略并稳步推进。

但在具体扶贫工作中，也存在一些问题。由于扶贫方式的欠妥，造成一些群众等靠要思想严重，基层个别干部和群众钻扶贫政策空子，这些错误思想和行为侵蚀着少部分群众意志，也造成新的干群矛盾。

一位扶贫工作者包扶某村一位单身贫困户，根据当地的自然条件给他送去了羊，希望他靠养羊脱贫。然而，不久后工作者再次来到该户帮扶时，却发现贫困户已将羊杀掉吃了，依然大白天躺在破乱不堪的屋子里睡大觉，等着政府的再次救济和帮扶。

也有个别基层干部和群众钻扶贫政策的空子，例如在上级检查扶贫养殖的时候，借来别人家的牲畜，把扶贫款搞到，然后大吃二喝，无所事事。这种人能脱贫吗？他们不仅物质贫，思想意识、志气更贫！

一名干部帮扶一位农民，给他送去米、面和钱并再三交代，让他用钱做点小买卖，这样自己就有钱花了。没想到，过了两个月，被帮扶的农民打电话来毫不客气地说："你不精准扶贫了吗？我没米、没面、没钱花，你咋就不问呢？"问得此干部哑口无言、哭笑不得。这个人是怎么理解精准扶贫的？是不是认为精准扶贫就是把他养起来？

类似的人很多，他们是"双重贫困"——物质贫困和精神贫困。我认为，精神贫困比物质贫困更可怕。因此，只有扶志、扶智才能真正扶贫。

从古至今，中国人在任何灾难面前都表现了坚强的意志，他们可能是物质上的贫者，但精神上永远是我们的支柱。

《礼记·檀弓下》载："齐大饥。黔敖为食于路，以待饿者而食之。有饿者蒙袂辑屦，贸贸然来。黔敖左奉食，右执饮，曰：'嗟！来食！'何施而得斯于民也，扬其目而视之，曰：'予唯不食嗟来之食，以至于斯也！'从而谢焉，终不食而死。曾子闻之，曰：'微与！其嗟也可去，其谢也可食。'"

此文中的饿者宁舍生命而不舍志气，成了教育后人的典范。

公元405年秋，陶渊明为了养家糊口，来到离家乡不远的彭泽当县令。这年冬天，到任81天时，碰到浔阳郡派遣督邮来检查公务，浔阳郡的督邮刘云以凶狠贪婪闻名远近，每年以巡视为名向辖县索要财物，每次都是满载而归。这次派来的督邮，是个粗俗而又傲慢的人，他一到彭泽的旅舍，就差县吏去叫县令来见他。陶渊明平时蔑视权势，不肯趋炎附势，对这种假借上司名义发号施令的人很瞧不起，但也不得不去见一见。不料县吏拦住陶渊明说："大人，参见督邮要穿官服，并且束上大带，不然有失体统，否则督邮乘机大做文章，会对大人不利的！"

这一下，陶渊明再也忍受不下去了，长叹一声道："我不能为五斗米向乡里小人折腰！"说罢，索性取出官印，把它封好，马上写了一封辞官信，随即离开只当了八十多天县令的彭泽。

陶渊明的“不为五斗米折腰”至今被传为佳话。

南宋末年，首都临安被元军攻入，丞相文天祥组织武装力量坚决抵抗，失败被俘后，元朝庭劝他投降，他写了一首诗，其中有两句是：“人生自古谁无死，留取丹心照汗青。”意思是说人总是要死的，就看怎样的死法，是屈辱而死，还是为民族利益而死？他选择了后者，要把这片忠心记录在历史上。文天祥被拘囚在一个阴湿的地牢里，受尽了折磨，元庭多次派人劝他，允诺只要投降，便给他大官当，但他坚决拒绝，最终被杀害了。

文天祥的“丹心”是啥？不就是志气骨气吗！

从古至今有志气的中国人数不胜数。

民主战士闻一多是在1946年7月15日被国民党枪杀的。在这之前，朋友们得到敌人要杀害他的消息，劝他暂时隐蔽，但他毫不在乎，照常工作，而且更加努力。明知敌人要杀他，在被害前几分钟还大声疾呼，痛斥国民党特务，预言他们的日子不会长久，人民民主一定会得到胜利。毛主席在《别了，司徒雷登》一文中指出：“许多曾经是自由主义者或民主个人主义者的人们，在美国帝国主义者及其走狗国民党反动派面前站起来了。闻一多拍案而起，横眉怒对国民党的手枪，宁可倒下去，不愿屈服。”

我国著名散文家朱自清教授晚年身患严重的胃病，他每月的薪水仅够买三袋面粉，全家12口人吃都不够，更无钱治病。当时，国民党发动内战，美国又执行扶助日本的政策。一天，吴晗请朱自清在“抗议美国扶日政策并拒绝领美援面粉”的宣言书上签字，他毅然签了名并说：“宁可贫病而死，也不接受这种侮辱性的施舍。”1948年8月12日，因贫困交加，朱自清在北京去世。临终前，他嘱咐夫人：“我是在拒绝美援面粉的文件上签过名的，我们家以后不买国民党配给的美国面粉。”朱自清一身重病，宁可忍受饥饿也不领美国的“救济粮”，展现了中国人的骨气。

贫贱不能移的骨气在朱自清身上体现得淋漓尽致。不吃美国“救济粮”不仅是其高尚人格的表现，更是体现了国格。

吴晗在《谈骨气》中写道：“我们中国人是有骨气的。战国时代的孟子，有几句很好的话：‘富贵不能淫，贫贱不能移，威武不能屈，此之谓大丈夫。’

意思是说，高官厚禄收买不了，贫穷困苦折磨不了，强暴武力威胁不了，这就是所谓大丈夫。大丈夫的这种种行为，表现出了英雄气概，我们今天就叫做有骨气……孟子的这些话，虽然是在两千多年以前说的，但直到现在，还有它积极的意义。当然我们无产阶级有自己的英雄气概，有自己的骨气，这就是决不向任何困难低头，压不扁，折不弯，顶得住，吓不倒，为了社会主义、共产主义建设的胜利，我们一定能够克服任何困难，奋勇前进。”

美国著名作家马克·吐温曾说：“只凭一句赞美的话，我就可以快乐两天。”让那些产生消极思想的贫困户，从思想上树立脱贫的信念，并坚持这种信念，使其在“快乐脱贫”意念的支持下，在科学扶贫方式下，通过物质扶贫，他们的愿望定会实现。

至于如何扶志、扶智，还需相关的扶贫工作者多去研究实践。因此，扶贫要同扶志、扶智紧密结合，激发贫困户内生动力这才是关键。

参考文献

许宝健：《扶贫要同扶智扶志紧密结合》，《学习时报》，2017年7月17日。

对“钱是身外之物”说法的异议

腐败是一种令人痛恨不已的现象。中央严厉惩处各种类型的腐败，彰显了中央反腐败斗争的决心，对各类腐败分子和腐败行为产生了极为强烈的震慑作用，给拥护中央决策、热爱公平正义、反对贪污腐败的干部群众以无比的信心和巨大的鼓舞。

在各种表示拥护中央决策、反对贪污腐败并教育人们不贪财、拒绝腐败的声音中，经常可以听见这样的声音：钱是身外之物，生不带来，死不带去，不必过分追求。初听这句话，觉得蛮有道理。人啊，赤裸裸来到世上，两手空空离去，一辈子数十年，说到极限也不过三万多天，前有懵懂的幼年童年，后有衰弱的老年残年，中间青年、壮年何其苦短，钱财再多，到老何用?

然而，细想想，短短的话里问题还不少。这样的说教除了给人一种消极思想外，还有许多考虑很不到位。

先说追不追求金钱的问题。笔者认为，贪与不贪是两种不同性质的行为，两者最大的区别是看钱的来路正不正，而不是你追求不追求，与钱是身外之物没有关系。毋庸置疑：钱本身是个好东西，人人都需要它。有道是：“君子爱财，取之有道。”只要钱来路正，取之则十分正常。君不见，有多少大集团公司的老总，个人资产极为丰厚，他们都是用自己的聪明和智慧，凭着自己的诚实劳动所得来的，与此同时，他们还对祖国、对社会的发展进步作出了贡献。他们拥有大量资产，不但没有什么不光彩，相反却证明了他们的能力和价值，他们本人和他们的事业都得到了社会的尊重与肯定。因此，尽管钱是身外之物，追求也并不为过。当然，不择手段贪图不义之财，甚至因之违法犯罪、腐化堕落，则令人所不齿。

再说身内身外。每个人的生命该是“身内”吧！但作为共产党员，为了崇高伟大的共产主义事业，把自己的一切甚至宝贵的生命献出去，才是一名共产党人应有的本色，才够得上一名合格的共产党员。如果认为生命是自己的，是“身内”，在关键时刻为了保全生命而丧失本色，做了不应该做的事情，这样的行为是不光彩甚至是可耻的。

所以，反腐倡廉、廉洁自律并不是追求不追求金钱的问题，也不是身内身外的理论，而是思想觉悟、意识境界和党性原则的表现。真正的共产党人，要有坚定的共产主义信念、崇高的共产主义理想，要牢记入党誓言，践行党员标准。应该说，如果正当，“身外”的也可取，也鼓励取;如果需要，“身内”的也可舍，也必须舍。这样，才能更好地教育广大党员和干部群众拒绝腐败、保持清廉。这样做，才称得上是一名真正的共产党员。

好家风才能教育出好孩子

哇，等公交的人真不少。大约 20 分钟后，一辆公交车自北向南开过来，我正抬头看公交往哪个位置停靠，猛然间身子左侧被一股力量一撞，我吓了一跳，身子控制不住地从站台踉跄到公路上。“妈妈，车上没人！”身后传来一个男孩的声音。

“车上没人，这里不是人？乱撞啥？”教师的职业本能让我出口就教育人。

“我们说车上没人，咋了？说得不对？”一个妇女的声音从我背后传来。

我朝声音来的方向侧过头，正对上一个怀抱小孩的妇女，大概是因为对我不满，正面目狰狞地直视着我。

“车上是人不多，可站台上这么多人，挤啥呢……”我耐心给她解释。

“哟，那就是个娃娃，你和他一般见识？”没想到半路又杀出个程咬金。我循声一看，抱孩子的妇女背后一位孩子奶奶辈的妇女正凶神恶煞地瞪着我。

就在这档子，那孩子早挤上了公交，还穿着校服，看个头分明是个小学高年级学生。

我边上车边说：“就是娃娃也要守秩序！如果大家都像他这样，这社会就乱了！”

“看你也不是个日股的！”（陕西言，不是好的意思）

我看着车上的乘客投来异样的目光，再看那两张狰狞的面孔不由得又道:“正因为孩子小，不懂规矩，所以才更应该教育！”

然而，那奶奶再次无礼道:“教育了？看你的娃娃也不是个日股的！”

面对愚昧无礼的人，我问自己:这样的家长能教育出遵规守纪的孩子吗?我只能把好家风才能教育出好孩子抛出去。

这样的案例时不时就会被撞见。

火车站的售票口照旧排着长龙，可是与往日不同的是，龙尾逐渐变长，而龙首不变。人们好奇地朝龙首望去。原来是一对夫妇和售票员争论他们的孩子该不该买火车票。

“孩子已经超过 1.2 米，需要买票。”

“我们孩子一直不买火车票！”妇女惊奇地向售票员叫喊。

“那是原来不够 1.2 米。”售票员耐心地解释着，后面的人也议论开了……

“上星期我们坐火车都没买票嘛！”妇女振振有词。

队伍里飘出一个男人的声音:“我们要为自己的孩子长高而高兴！怎么这样呢？”

是啊！这是典型的爱占小便宜的家长。这类家长，为了占点小便宜，违背事实胡言乱语，甚至贬低自己的孩子，根本不考虑孩子的感受，这样的家长能教育出诚实的孩子吗?

夏天，上学或放学的路上总能见到家长和孩子手里拿着雪糕、饮料美美地享用着，然而紧接着就有个动作和这美美的享用不和谐了——或者家长享用完了，随手扔掉手里的包装袋，或者是孩子动作也这般潇洒。

人常言:“父母是原件，孩子是复印件。”

古人云:“养不教，父之过。”可见，从古至今，人们都强调好家风。

“身教最为贵，行知不可分。”这是叶圣陶先生告诫教育者们的一句话，也很适用于家长。无言的身教往往胜过有声的言教。人们常说:“家长是孩子的第一任老师。”可见，人们都欣赏家长对孩子的正面教育。

家庭教育涉及很多方面，但最重要的是品德教育，是如何做人的教育。要把美好的道德观念从小就传递给孩子，引导他们树立做人的气节和骨气，帮助他们养成美好心灵，促使他们健康成长，长大后成为对国家和人民有用的人。由此可见，因娃娃小做错事而不教育的观点是站不住脚的。

每个家庭都要重言传、重身教，教知识、育品德，帮助孩子扣好人生的第一粒扣子，迈向人生的第一个台阶。要在家庭中培育和践行社会主义核心价值观，引导家庭成员特别是下一代热爱党、热爱祖国、热爱人民、热爱中华民族。要积极传播中华民族传统美德，传递尊老爱幼、男女平等、夫妻和睦、勤俭持家、邻里团结的观念，倡导忠诚、守责、友善、公益的理念，推动人们在为家庭谋幸福、为他人送温暖、为社会作贡献的过程中提高精神境界、培育文明风尚。可见，家长对孩子不仅要言传，更要身教。

家长身正则家风好。家风好，就能家道兴盛、和顺美满；家风差，难免殃及子孙、贻害社会。

好家风才能教育出好孩子。为了下一代健康成长，我们必须树立良好的家风。

（此文发表于《中外交流》，并经《中外交流》期刊专家委员会评审，在2018年教学论文评比中被评为一等奖。）

得之欣然　失之泰然

2018 年暑假结束的最后两天，我还在老家陪伴老母亲，偶然间看手机，校领导的名字和手机号猛然跃入我的眼睛。我正猜测间，手机里传来了熟悉的声音："市上给咱们学校分了一个推选第十一批省特级教师的名额，学校审核我校所有老师的条件，只有你的条件符合，不过后天就要交材料，你现在就整理一下。"

"我，是说我？"幸福来得太突然，我热血沸腾，有点反应不过来。

"谢谢学校的认可！"

我立刻动身返回榆林。经过一天一夜的奋战，报送材料终于成型。按规定的时间（8 月 31 日）把材料送交市教育局。按通知要求，通过讲课环节，结果于 9 月 10—14 日公示。可我一周都没有接到讲课的通知，总以为像上次评省级劳模一样，又被淘汰了。所以，自己就瞎猜。之前听同学说初中老师评副高，讲课用的是部编本教材八年级下册，我也就盲目地备八年级下册的课（部编本教材 2016 年七年级新生用，而我当时执教的是 2015 级的初中生），此时也无心再备下去了。再加上我带了一个七年级的班，每天事不断，心难静，身心疲惫，回家倒头就睡。

9 月 14 号，我终于耐不住了，鼓起勇气给市教育局打了电话，"人人都要讲课，在下周。""噢，我还以为结束了！讲课的内容是什么？""八年级上册。”和我猜想的差距太大，我吃了一惊。

看来之前我备的课和要求讲的课背道而驰了。于是，我在带班、上课、整理课题结题材料之余抽空备课。部编本教材课文有好多是新选编的，自然很有挑战。

9月18日，终于接到市教育局的电话：“9月19号下午4：30到市教育局三楼会议室开讲课前动员会。”

9月19号下午，我穿上校服，庄重地参加讲课前动员会，才知道共有20名参评教师，最终只上报16名。

9月20日早上6：20我就到了讲课地点——榆林市电大。六点五十多分主管宣布讲课抽签顺序。“马老师，你和 ×× 来先抽。”我伸手从信封里抽出了一个号牌——2号，幸好我还不是打头阵的。

讲课，对于一个有26年教龄的老教师问题应该不大！

从7：00开始抽第一个讲课内容签，之后每隔15分钟抽一个课题。7：25分我抽到了大家都不陌生的《背影》。不是新选编的课文，我心里更有底了。

我沉着地步入备课室开始备课。我以“三环节”教学模式设计《背影》的课堂教学过程，以刘和刚的《父亲》歌曲导入，接下来是自主学习环节，在个别学生自主展示收集的字词、重要字注音和其他同学的帮学纠错声中完成。之后步入讨论展示环节，设置三读：一读准字音，二读出感情，三读出主题。这三读中学生要找出四次描写背影的情景，并用表演来理解第二次和第三次父亲背影的含义，进一步理解父亲对儿子的爱。最后是检测小结，学习朱自清对父亲过月台的描写，来描写自己对亲人或朋友细节的观察。

一小时的备课时间已到，我轻松踏进讲课教室。按计划在黑板上粘贴了“学生捆绑评价表”，然后和评委见面，自然进入讲课环节。讲课时还想了一下：有学生那才精彩呐！15分钟，只能开个头就到时间了……

出了讲课教室，在侯课室等待成绩。每位老师讲课20分钟，总觉得这20分钟很漫长。每下来一位老师都说同样一句话：“哎，没讲完！”终于第五位教师讲完了，到了出成绩的时刻。“1号82.50分，2号85.30分，3号……”只听得后面的分一个比一个高，第五个已上90分。

9月21号公示推荐结果，我落选了，自己的确有不够完善的地方有待提高。

“得之欣然，失之泰然。”看着二弟发来的简洁凝练的信息，我平静了复杂的思绪：想想家中孤单有病的老妈妈，刚走上工作岗位的儿子，辛苦加班的老公……我咋能被击倒？我必须信心百倍地工作、生活，哪怕没有任何荣誉和光环，否则，我真对不起我的至亲，对不起祖国对我的培养。

“得之欣然，失之泰然！”我相信自己。

（此文发表于《数码设计》2018 年第 6 期，荣获国家级一等奖。）

读书，应成为一件平常事

2017 年 10 月，榆林市第十一中学举行了以“点燃读书激情，共建书香校园”为主题的读书节启动仪式。此后，开展了为期一个月的系列读书活动，主要有“一日三读”（学生晨读十分钟、师生共读半小时、亲子共读半小时），全校分学段共读一本书，各读各的书，班级设立读书金句推荐墙，整理读书笔记，学生、家长和老师征文评比，学生以“点燃读书激情，共建书香校园”为主题的演讲比赛，等等。为期一个月的读书活动取得圆满成功，可我们日后该如何对待读书呢？

我认为，读书，应成为一件平常事。

三国曹操，认为自己外貌不好，不足以镇服远方的国家，便让大将崔季扮自己去接见匈奴使者，自己却扮成侍卫拿刀站在崔季的身旁。结果，匈奴使者探访后却言：“魏王虽壮硕高雅，但旁边拿刀的侍立者，才是真正的英雄也。”曹操的英雄气概与他博览群书是分不开的。

曹操爱读书，更爱读兵书。他以诗歌抒发自己的政治抱负，并反映东汉末期人民的苦难生活，气魄雄伟，慷慨激昂。鲁迅评价其为“改造文章的祖师”。

曾国藩被人称为一代大儒，为晚清第一名臣，也与他一生勤于读书、善于读书有直接的关系。他为官之路一直以书为伴。“刚日读经，柔日读史”足可证明其生活中读书为家常便饭。他以此告诫其弟子："读书必须持之以恒，没有理由不读书。"而且，读书还可以调适心情，做到收放自如。就在他去世的前一天，还在读《理学宗传》中"张子"一章。

为了革命事业，毛泽东一直很忙，可他总是挤出时间读书，哪怕分分秒秒也要用来读书学习。他在中南海的故居可称为"书天书地"：卧室书架上、饭桌上、茶几上到处是书，就连床上也全被书侵占了。游泳下水前热身的几分钟，他还要看上几句名人的诗词，甚至连上厕所书都不离手。外出开会或视察工作，行李箱里带的基本都是书。晚年虽重病在身，但仍不忘读书。

鲁迅先生说："书在手头，不管它是什么总要拿来翻一下，或者看一遍序目，或者读几页内容，有拓宽思路、增长知识等好处。"他还说："无论什么事，如果陆续收集资料，积之十年，总可成一学者。"

所以，所有家长、老师、学生都应以本次读书节为契机，寻找读书之乐趣，培养读书之习惯，陶冶读书之情操，升华读书之气质，把读书当作家常便饭。

（此文发表于《榆林教育》2017 年第 2 期。）

教案小集

JIAOAN XIAOJI

《春》教学设计

《春》

朱自清

【教学目标】

知识与能力：

（1）朗读本文内容，提高朗读能力。

（2）学习抓住景物特点描写的方法，分析本文内容，培养阅读写景抒情文的能力。

（3）准确把握作者的感情脉络，理解作者的感情。

（4）从修辞手法，特别是比喻修辞入手，培养欣赏美句以及写作能力。

过程与方法：

教学过程中利用方法之一：读—讲—读—赏—读

这里的读是读书的三个层次：熟悉读、理解读、领悟读。夹在读中的“讲”，是为扫清文字、词语障碍，理清文章结构；“赏”是在学生初读文章内容的基础上，运用实例赏析句、文和作者感情。

方法之二：课堂讨论——评述、质疑

情感、态度、价值观：

通过本文的学习，整体感悟作者对春天的热爱、歌颂和赞美之情，培养学生热爱祖国大好河山的思想感情。

【教学重点】

（1）通过反复朗读，体会作者抓住景物特点写景的方法，品读作者对春天的喜爱之情。

（2）熟练掌握比喻、拟人等修辞手法及其运用效果。

（3）体会文章中语言蕴含的思想感情。

【教学难点】

教学重点也是教学难点（说明：教学重点 1 第一课时解决，教学重点 2 第二课时解决，教学重点 3 穿插在两课时中。这样处理是为了分散难点）。

【学习方法】

培养自主、合作、探究的学习方法和多读、多分析的阅读方法。

【理论依据】

吕叔湘先生曾说："语文教学不但是一门科学，更是一门艺术。"联结学习理论、认知学习理论、接受学习理论等。这样设置符合语文科学性和艺术性的属性，并且符合事物发展的一般规律，达到"见微知著，窥一斑而见全豹"之效。

【教学准备】

学生：自主学习生字、新词，预习课文，并标出自然段序号，质疑。

老师：熟悉课文内容，查找资料，绘制图画，制作课件。

【教学课时】

两课时（赛讲第一课时）。

【教学要点】

整体感悟，局部分析，主要抓住从哪几方面按什么顺序写。

（说明：美句赏析，即修辞手法放第二课时，目的为分散难点。）

【教学程序】

课前多媒体显示《希望的季节》。

一、导入课文，由冬导入春

多媒体显示《春》。

（导入说明：由眼前季节冬导入春，采用对比手法把学生带入生机勃勃的春的意境中，激发学生的学习兴趣。）

二、了解教学流程

多媒体显示教学流程（说明：短时看重点）

1. 导入课文　2. 作者信息　3. 自学检查　4. 整体感知

5. 赏析质疑　6. 拓展练笔　7. 本节小结　8. 作业布置

三、作者信息交流和写作背景

（一）作者信息

方法：学生先提供作者信息，然后老师用多媒体展示内容。

朱自清（1898—1948），字佩弦，江苏扬州人。现代著名散文家、诗人、学者、民主战士。著有散文集《背影》等。（说明：学生可提供作者的散文名篇《荷塘月色》《背影》《绿》《春》等）

（二）写作背景（简略介绍）

作者于1928—1937年从事古典文学研究，处于彷徨苦闷阶段，但他从春景中看到了生机、活力和希望，因此，写下散文《春》，以鞭策自己。

（导学说明：初学朱自清的文章，了解作者背景是很必要的，但不可内容过多，否则学生会感觉压力太大。了解景是为更好地理解文章的主题思想。）

四、自学检查

方法：学生个别演示课件，正确则说明已达到目的；如不对，应讨论改正。

读准字音：

嫩（nèn）绿　酝酿（yùn niàng）　蓑（suō）衣

眨（zhǎ）眼　撑（chēng）伞　烘（hōng）托

抢读多音字：

涨 { 涨潮（zhǎng） / 涨红的小脸（zhàng）

藏 { 藏起来（cáng） / 宝藏（zàng）

散 { 散在草丛里（sǎn） / 散会（sàn）

晕 { 黄晕（yùn） / 头晕（yūn）

（导查说明：目的在于检查学生自主学习情况，注重基础知识的掌握。）

五、听录音，整体感知

（一）多媒体显示。

1. 注意字音、停顿、语气和语调。

2. 每自然段各写了什么内容？

（二）教师放录音，学生听录音思考。

（三）讨论回答各自然段的内容，教师写板书。

（四）探究。

讨论：根据各自然段的内容，思考作者的写作思路是怎样的？作者的感情线索又是怎样的？

方法：学生观察板书各自然段内容，答出写作思路（盼—绘—赞），再得出感情线索（盼—爱—赞）、结构（总—分—总）。

（导学说明：整体感知，对文本有个总体印象，这符合认识事物的客观规律。）

六、赏析质疑（第1~7自然段）

（一）第一自然段［说明：先齐声朗读（感知性朗读）］

1. 作者以怎样的心情迎接春天的到来？（非常急切地盼望）

2. 哪个词明确地告诉我们春天还没有到来？（脚步近）

3. 这一自然段在全文中起什么作用？（总领全篇，开启下文）

（二）第二自然段

1.“一切”说明了什么？（“所有的”说明所有的事物都迎接春的到来）

2. 这一自然段按什么顺序描写春天的？（先总写事物迎春，然后分写“山”“水”“太阳”。）

3. 试以“春__图”给本段拟小标题。（如“春醒图”）

（三）第三自然段（说明：本段作为“绘”春中细讲的段落，即“授之以渔”，下面第4~7自然段交给学生。）

1. 齐声诵读思考，本段抓住小草哪些特点来写？哪些词用得特别好？

举例：动态——“偷偷地”“钻”，质地——“嫩嫩的”“软绵绵的”，色泽——“绿绿的”，长势——“一大片一大片满是的”。

说明：此题答完巩固朗读

2. 作者的观察顺序是怎样的？

近—远—近或物—人

3. 有感情朗读，达到背诵的程度。

4. 小结：作者如何写小草？

（导学创意说明：抓住重要词语分析春草的特点，并赏析写作顺序，小结得出描写小草的方法，其中“多想象”是第二课时的内容。）

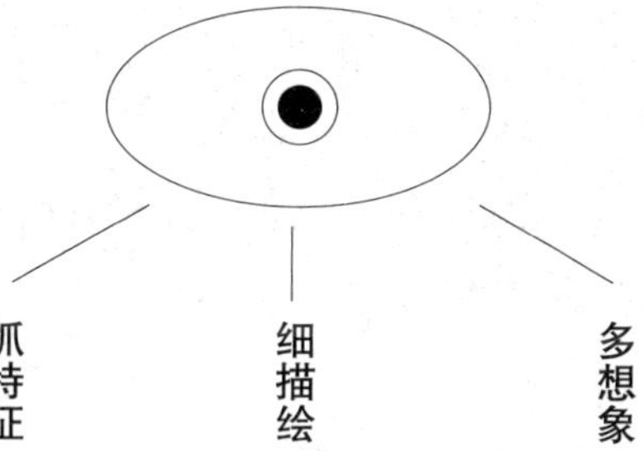

（四）多媒体显示

学生合作，探究学习

要求：请用学习“春草图”的学习方法，分组赏析质疑第4~7自然段。

（方法说明：先由学生质疑并回答，然后教师多媒体小结各自然段的内容。）

※ 预想质疑

（质疑说明：第4~7自然段紧紧围绕景物特点和写作顺序。）

（五）赏析第8~10自然段

多媒体显示，赞春

刚落地的娃娃—小姑娘—健壮的青年

（新）（美）（力）

小 ——→ 大

（六）轻松游戏（9：20 左右）

（游戏说明：请把下图中纸片内容粘贴在对应位置上。）

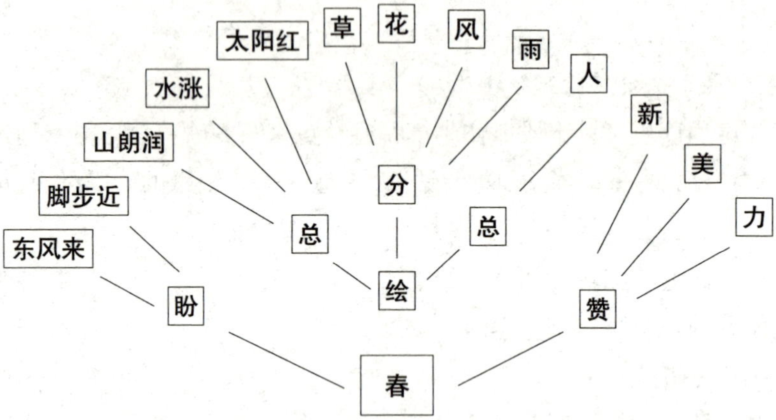

“孔雀开屏”图

（导学创意说明：此设计既为游戏，又是对本节内容的巩固，让学生在轻松愉快的氛围中学习。）

七、本节小结

（说明：结合“孔雀开屏”图总体小结，强调每种景物时都抓特征、细描绘，为下面的练笔打基础，下节课我们对本文美句赏析。）

八、拓展练笔

多媒体显示冬雪阁

要求：观察图画，学习作者描述事物特征的方法，按一定顺序描写本文图画，看谁写得又快又好！

导练说明：设置练笔，作为本节写作能力的培养方法，要达到学以致用的目的。

九、作业布置

1. 背全文，体会作者的感情。

2. 找出自己喜欢的句子，说说理由。

3. 找一处景物，按一定顺序，抓住特征写一篇练习文。

【板书设计】

春

朱自清

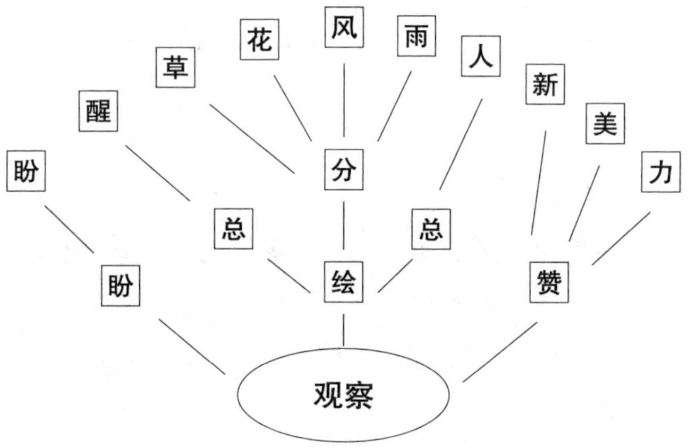

【教学反思】

根据以往的经验，第 3~7 自然段的教学呆板、公式化、不灵活，所以在本次教学中应注意这一点。

榆林市第十一中学教师教学技能大练兵

——“写”训练方案

为了全面提高教师个人的业务素质，更好地适应新课程改革的要求，建设一支师德高尚、业务精湛的教师队伍，根据《榆林市教育局关于开展中小学教师技能大练兵活动的实施意见》（榆政教发〔2015〕23 号）文件精神，结合我校实际，特制定本实施方案。

一、指导思想

以《榆林市第十一中学教师教学技能大练兵活动实施方案》为指南，以提高教师业务水平和教学能力为目的，以教研组、备课组为基本单位，积极开展教师教学技能大练兵活动，扎实、有效地开展教学基本功训练系列活动为载体，积极制订方案，加强领导，层层落实，实现人人参与，练有所得，练以致用，持之以恒，提高教师教学基本功，为提高教师综合素质、保证教学质量、推动学校教育教学整体发展打好基础。

二、活动方式及目标

通过“个人自练、小组培训、大组展示、全校比赛”的方式，在全校教师中开展 规范汉字书写和教学作图（画）训练系列活动，使全体教师认识到教师教学技能对于个人素质提高、学校形象提升、教育品牌创建的重要性，提高培训、自学、自练和考核过关率。通过教学技能大练兵活动，使我校全体教师的教学基本功更加扎实，进而不断提高教师队伍整体素质，提升教师实施素质教育的能力和水平。

三、活动原则

1. 全员性：凡是我校在职教师都要参加大练兵活动。

2. 校本性：立足校本，研修整合，以赛促练，以研促修。

3. 常态性：把大练兵活动融入教学常规工作中，落实在常规工作的每个环节，养成自学自练的良好习惯，在教育教学日常工作中不断提升职业技能。

4. 实效性：目标明确，要求具体，重在务实，旨在提高。

大练兵活动作为校本培训的一项重要内容和重要载体，是教师专业成长的重要抓手，应纳入学校教师考核体系中，不定期组织检查，定期开展竞赛活动，并量化打分，将考核结果作为教师绩效工资考核、评模评优、晋升职称的重要依据。

四、训练对象

全体在职教师。

五、训练内容

钢笔字、粉笔字、简笔画。

六、训练方式

1. 采取“练习—运用—展示—考核”四环节模式开展活动。

2. 教师的基本功主要采取自学自练的形式反复练习，在具体备课、上课中养成良好的习惯。

3. 各项基本功技能要在教学实践中综合应用。基本功训练贵在坚持，重在运用。

七、训练要求

1. 能正确运用钢笔、粉笔，按照汉字的笔画、笔顺和间架结构的要求，书写规范美观的正楷字，同时具有一定的速度，整体效果好，无错别字，并能指导学生写出规范、美观的汉字。

2. 能按教学要求，用简练的线条熟练地勾画出事物的主要特征；突出个性特点，把握动态特征；做到简单明了，形象生动。

八、训练措施

1. 钢笔字。统一在校本研修本上训练，在教案本上应用。备课组一周一检查，一月上交教研组一幅钢笔字作品进行展示，期末进行达标验收考核。

2. 粉笔字。学校给每位老师配备粉笔字训练小黑板，每位教师每天在小黑板上自主练习，每周备课组内进行粉笔字作品展示，期末进行达标验收考核。

3. 简笔画。统一在简笔画练习册上训练，在课堂教学中应用。学校将定期检查或不定期抽查。每月向教研组上交一幅作品以进行展示交流，期末进行达标验收考核。

九、钢笔字比赛安排

1. 比赛地点：会议室。

2. 参赛人员：全体在职教师。

3. 要求及评分标准

钢笔字比赛要求参赛教师提前准备好书写用笔（钢笔、签字笔），纸张由学校统一提供，书写内容由学校统一规定，字体仅限正楷。参赛教师将自己的姓名、编号写在指定位置上。

书写做到笔顺正确，笔画清楚，字形规范，字体美观，行款格式正确，卷面整洁，注重实用性与艺术性的结合与统一。评委将从字体结构、章法布局、完整、美观、艺术性等几个方面评定。

教师完成相应内容的书写任务后，即视为完成比赛。

4. 奖励办法：一等奖 5 名，二等奖 10 名，三等奖 15 名。

教育叙事

JIAOYU XUSHI

也夸夸儿子

“哟，是谁过生日？你家李帅买了蛋糕！”

听到邻居杨老师的惊叹，我朝门口一看，哎，儿子一手提着食品袋，一手提着艺术蛋糕，笑嘻嘻地进了家门。

“噢，帅，原来你上街是给妈妈买蛋糕去了！”我高兴地说，“有儿子真好！”

说着，眼圈四周已湿润。想到一个半小时前的情景我又惭愧起来。

“妈妈，我到街上去一下，好吗？”

写了一会英语短文的儿子不好意思地问，分明不自信。

“去街上？什么事？”我嗔怪地问 。

我以为儿子是逃避学习，想到街上闲逛。不过，虽然不乐意，但想到他毕竟学习了好一会，休息一下也行。就警告道：

“也行！不过一个半小时内必须回家！”

这样放了他一马，还让他捎买两斤猪肉。

现在看着那食品袋——里面装着我让他买的猪肉；那红红的艺术盒——里面装着蛋糕，一个半小时前我还嗔怪他呢，我好惭愧，他才十三岁呀！

我想上去抱抱他，表达对他的歉意，可看到他是那么的平静，又有别人在，便没好意思抱。

想想，类似的事何止这一件！

他十一岁时，周末不用去学校，可我还要上课，而且他爸工作也忙，不能按时做饭。

一个星期六的早上，我上完课快走到家门口时闻到一股喷香的炒鸡蛋味。心想、谁家的饭都已经做好了，我才回家，儿子又得等好长时间才能吃上饭。我走到家门口，听到屋里有锅铲响声。

“帅，你在屋里胡闹什么呢？”我大声喊。

当我推开门时，惊呆了：桌上放着一盆大米饭，一个碟子里盛着热气腾腾的炒鸡蛋，虽然没有别的调味菜，但它的确散发着诱人的香味。

“妈妈，我把饭做好了，请吃吧！”

看着手脸黑乎乎的儿子，我的鼻子酸酸的。他才是个十一岁的孩子呀！我真有些受宠若惊——我连他爸做的饭也没吃几顿！

吃着炒鸡蛋，尽管味有点淡，但我觉得自己享受的是天下最美味的佳肴。

镜头一个连着一个。

他九岁那年的八月十五，他爸单位发了两盒月饼——那是我们从来没吃过的一种月饼。可他拿到手就分成三份。我们不解，结果他稚气地依次指着每份月饼说：

“这是爷爷奶奶的，这是外婆的，这是咱们的！”

多懂事的孩子呀！

去年，他爸调至榆林，除忙于教学工作外，家里家外所有的事都压在了我肩上，生活的疲劳压得的我偶尔想哭，可他却说：“妈妈，你应该坚强！再说你还有我呢，我也是咱家的男子汉！”

我听后破涕为笑。

寒假里他去外婆家，看见外婆在室外干活不戴手套，就用自己的零花钱买了一双棉手套送给外婆。妈妈给我打电话称赞个不停。

上星期一晚自习下了，我因制作课件回家晚，他便早早站在路灯下等我。一见面就着急地说：“妈妈，我实在等不及你回家了！”

看着我手上的手链、墙上挂的礼品娃娃、花瓶中的礼花、录音机上的“一帆风顺”工艺品……那些都是节日里儿子的孝心呀！

他是个孩子，却如此关心、照顾我们这些大人，可我……

他六年级那年，我为省事让他跟着我听课。结果，回到家他哭了。

我很纳闷：“好好的哭什么呢？”

“妈妈，你对你的学生都如此有耐心，可为什么对我就没耐心？你好偏心呀！”

我和他爸都是事业型的人，对孩子尽的责任比起别的家长真是微不足道。在孩子就是“小皇帝”的现今，我们有如此孝顺、懂事的儿子，还有什么不满足的呢？！

儿童教育专家卢勤说过：“大胆为你的孩子喝彩吧！别瞧人家，请相信，你的孩子会创造奇迹！”

是的，我要对儿子说：

“儿子，你真棒！”

怀念无言的爱

每当听到崔京浩演唱《父亲》中“盼儿归，一袋闷烟，漫天数星斗……”这句时就仿佛回到了数年前。

我顶着星光、披着夜色回家，在家门前那段弯陡的土路上，看到父亲坐在大门外，身影前那一闪一闪的红红烟火，就深切感受到父亲对子女无言而深厚的爱……

然而，父亲于 2010 年 10 月 1 日与我们永别了。

三年来，我多次在梦中见到勤劳的父亲，或是挥动锄具头顶烈日辛勤劳作，或是肩负重担顶风冒雨蹒跚独行……和生前的父亲一样，默默无言中，投来慈爱的目光。那真切的梦境与我对他老人家的无限思念让我的心战抖，思绪不由得回到父亲伴我生活的 40 年。

父亲一生都是勤劳做事、宽厚待人，凡与人共事，他总是宽容的，哪怕是无所谓的语言，他也从不占别人的便宜。父亲还特别喜欢修路，他总爱把路尽量修宽，让大家走得更舒服。老家的屋子在村头，顺着川道进村，第一户就是我家。家门口进村有段坡路，经过这段路的人不计其数，但修路的唯有父亲。平日里，父亲就习惯在路上修修补补不停地维护。特别是逢雨后，父亲必须费很大工夫独自取土填渠，才能保持路面的平整。为了路面不被雨水冲毁，父亲一个人从几十公里外的地方拉回了石头，砌成十几米长的一段排洪渠，让雨水沿渠道流走。

父亲一生勤劳。我们老家有一个砌得整整齐齐的三孔正窑、两孔侧窑、五孔小窑的四方院落，这是父亲年轻的时候凭一己之力修建的。母亲常对我讲，父亲为了砌好这些窑洞，经常是大半夜大半夜地干活，在全村人都进入梦境的深夜，他一个人和泥、打土坯。窑洞上面装有整整齐齐的石板窑檐，这都是父亲起早睡晚从几十公里外一块一块背回来的。看着这个颇具规模的院落，回想那个肩扛背驮的艰苦岁月，简直不敢想象父亲吃了多少苦、流了多少汗。但是，父亲把这些看得很平常，从未提及。

父亲精于耕作。他对一年四季的节令了如指掌，在不断重复日出而作日落而息的过程中，该种什么庄稼、该如何耕作，总是做得有条不紊。他对土地的感情特别深，每块地在父亲手里都是一个艺术品，他总是倾注全部心力，精耕细作。一把谷穗、一个豆荚、一个萝卜、一把青菜……父亲都会精心收获。

父亲乐观开朗。生活的重担压在肩头，父亲难免有愁眉不展的时候。但多数时间，父亲总是乐呵呵的，保持乐观开朗的心态。听，他又讲笑话了，语言多么有感染力，能把开心和快乐传递给身边的每个人。在我小时候，父亲仅靠种地维持着家庭开支，所以经济上就显得拮据，但父亲总是很乐观地对我说：

“钱你不要担心，需要多少我们就会有多少，只要你好好念书，我有办法！”说完哈哈一笑。

这样的话给了我无比的鼓舞。有父亲在，我总觉得好有依靠、好自信。在那艰苦的日子，只有逢年过节才能吃一顿像样的饭食，但父亲总是自己吃粗粮，把那仅有的一点细粮留给我们姊妹几个吃。一次，我随父亲锄地，父亲对我说：

“我觉得粗粮细粮都一样，吃什么都是过肠子。”

我知道父亲在安慰我，这句话也让我好感动。父亲为了让我们吃得心安理得，竟然能用这样浅显的比喻。

父亲才思敏捷，虽然没有上过一天学，不识一个字，但是他计算什么总是又快又准确。如果数字大了，他就在地上用小木棍画只有他自己明白的道道。我上初中时，一次家里出售红枣，上千斤的红枣啊，有零的有整的，父亲很快就计算出了总价，而我口算的价和父亲的有点不一样。父亲说："你再算一下。"我经过动笔计算，才得出了和父亲相同的总价。

俗话说："女人忧愁哭鼻子，男人忧愁唱曲子。"父亲也善于唱曲子。在生活的重担下，父亲走路种田都在唱自编的曲子。曲子虽然简单朴素，却与农村现实生活很切近。就这样父亲一生编唱了很多曲子，有反映现实生活的，有描述自然现象的，有表达美好愿望的，有倾情歌颂祝愿的。

父亲胆识过人。在我的生命历程中，没有见过比父亲更有胆量的人。在父亲的字典里，似乎没有一个"怕"字。在艰苦的年月，家里根本买不起一把手电，但是，晚上有事需要出去，父亲从来没有半丝犹豫或胆怯。村里有几处没有人家的弯道，人们都迷信说那里有鬼，但是每逢夜晚走到此处，父亲总是唱着歌站在那里，让我们先过去，没有丝毫的胆怯。那时，我们家养着土蜜蜂，一年下来可以收到不少的蜂蜜，都靠父亲挑到山西碛口、汾阳等地销售。每逢山西碛口镇集会的日子，父亲总是半夜就起来，吃碗小米粥，然后肩膀上前后挑着一百多斤重的两大桶蜂蜜出门，赶天明到二十多公里处的渡口，然后再坐船到山西。

父亲有胆也有识。每次售完蜂蜜，再从汾阳买来一背洋火（火柴），从下午出发，抄近道走一夜的山路，次日天明又赶到黄河渡口，乘船回来销售洋火。这样一来一往，父亲以常人没有的胆识，付出了挑战生命极限的辛苦，也赚到了较为可观的辛苦钱。

父亲心地善良。在那吞糠咽菜的艰苦年月，每到天寒地冻的季节，家里揭不开锅的人家就得外出要饭吃。遇到这样的人，父亲总是显出很怜悯的神情，尽量给予救助。记得有一次，父亲刚端起粥碗，便看见门外来了一个要饭的跛脚老人。父亲将刚举起的筷子放下，分出一半粥递给那位老人。能帮助他的人，他更是终生不忘，而且总是尽自己所能回报对方。

因劳累过度，年迈的父亲腿脚疼痛行走不便，但他从不愿待在家里，总是蹒跚着挪到院门外，坐在墙边。每逢遇到来往的人他就招呼，不管认识不认识都能拉谈半天。

2010年，84岁的父亲病了。我问他感觉怎么样，和他以往得病时说的话一样:“好着了！”年纪大了，父亲的病时好时差，我工作在外，忠孝不能两全，只有三姐陪着我母亲日夜照顾父亲。我每次打电话，都能听到父亲豪爽的声音:“好着了！”可万没想到，在那个夜晚——农历十月初一的凌晨，睡梦中听到了三姐在电话那头的痛哭……

父亲是一座山，是我坚强的依靠；父亲是一本书，给我深深的教益；父亲是一道永恒的光，照亮我生命的路程。

（此文发表于2013年10月31日《榆林日报》。）

奇　果

“马老师，对不起！”

“傻孩子，有啥对不起的！老师因你而骄傲、自豪！你让老师找到了成就感！”她愣了，我笑着。

看着她怯怯的小脸，我的思绪回到了 2012 年的最后一个月。

“老师，我元旦过生日，请您到我家去！”一个平日不好表现，看起来比较胆怯，课堂表现也很一般的女生对我发出邀请。

因为我一直认为到学生家家访会给对方带来麻烦，所以，有需要都是电话访，而且省事。此时我的第一反应就是“不能给对方带来麻烦”，于是回答：“哦，我哪一天到了榆林给你打招呼！”

我看见了她脸上的失落，但在家访方面无太多经验的我没有更智慧的办法安抚她。

我心里一直记着自己的承诺——“哪一天招呼”，但终归没付诸行动。总想以对她的生活、学习、思想的关心来弥补这种不守信。我感觉到她想努力表现，想刻苦学习，但收效甚微。

“马老师，我周末回家常给我弟弟夸您对我多好多好。我弟弟反倒问我：‘姐，你常说你们马老师对你好，那她为什么不到咱家来呢？’”

我在心里谴责自己，我说谎了、失信了、辜负了……我的心头似有虫子在噬咬着。我问自己：你是老师吗？是个好老师吗？是个受学生欢迎的老师吗？我躲着孩子渴求的目光，自责着。再次下定决心："等到了榆林，我给你招呼！"

连自己都觉得这个承诺很苍白——因为我很反对以任何理由占别人便宜。我设想着，自己一个电话，让她的家人紧张得不得了：打扫卫生、收拾房间、忙着采购、准备做饭……哦，太烦了！太复杂了！我感觉比备课、上课、改作业、和学生交流复杂多了，简直是煎熬！

我还是尽最大的努力在生活、学习、思想等方面帮助她。她和我聊天，说性格不好，咋改。我就给她说了自己的观点，她点着头，很信任的样子。她很努力地学习，期末考试成绩微升。

转眼就到了2013年的下学期。

有一次聊完天，我又想起熟悉的声音：

"我弟弟又问我：'姐，你常说你们马老师对你好，那她为什么还不到咱家来呢？'"

天啊，我这是做的啥事，让这姐弟俩如此期盼？我是个老师，怎能如此不守承诺！我，我不能！再不能这样了——哪怕有一万个理由！

"等到了榆林，我给你招呼！"

我虽然还是满脸堆笑，但脸部肌肉不是自然的松弛。她的脸上却有了自然的微笑，像湖中微风之下自然的涟漪荡漾开去，让静静的湖景更有了动感美、立体美。此时，我不仅听到了渴望，而且听到了两颗幼小心灵的呐喊，听到了真诚，听到了信任……

"老师一定要在今年兑现对你的承诺！"

"老师，您说的是真的？"她那惊喜绝不亚于考了满分。我设想着，她回家把这消息像发现新大陆似的惊喜地告诉她的弟弟时，那小家伙肯定是满屋子一阵闹腾！

我还是尽力地帮她揭开生活、学习、思想的谜团，帮她成人成才。她的一切在不经意中发出亮光，课堂上多了她的展示，讨论听到了她的声音，课间多了她的笑脸……"阳光总在风雨后……"我情不自禁地唱起来。

2014年元旦的前两天，也许因为这件事成了我的心病，也许是计划的作用，我想这次无论多么忙，都要兑现我一年多的承诺，就把去她家列入我的元旦计划。元旦的前一天，上完语文课，她春风满面地来到我跟前，笑得那么自然、那么灿烂，像一朵盛开的牡丹花，轻轻地说：

“马老师，有几个咱班的同学说明天给我过生，您也去吧？”

我看着平日说话总是不那么自信的她，今天却是这么干脆；平日还有些许放不开的她，今天却是那么自然。也许她已经做好了和上一次一样接受失落的心理准备，也许她已经看出我的心事了，我笑着，多么有决心、有诚信、有思想的女孩，我还有何理由拒绝！

“好，没问题！我也是下了决心这个元旦要兑现我的承诺。谢谢！”

我浑身轻松，好像卸下了压在肩上的重担。我轻轻地把手搭在她的肩膀上，她好像得到母亲的安抚一样，双眼更水灵灵地看着我。

元旦那天一放假，我在她们的簇拥下，山路十八弯地去了她家。她妈妈十分热情，他爸爸也从两百里外的单位赶回来了，特别是她盼我已久的弟弟，黏在我身上，任凭他父母怎么劝，都不肯离开我。我和她弟弟聊得可开心了，从小孩子眼里看出她前期的铺垫很到位。

接下来是家长的忙乎，我们的共享：吃美食，吃蛋糕，送礼物……全家太开心了，我也开心地完成了一项使命，感觉连空气都那么清新。

这学期一开学，我发现她上课听讲特别专注，几乎每堂课都主动参与展示，作业一道不落，而且性格变得开朗了。我欣喜，是那次家访的缘故吗？我在记忆库中搜寻着，最终也没能找到比那个更充足的理由。

第一次月考和期中考试总分 120 分，她史无前例地分别考了 93 分和 89 分。

“老师，我本想考 100 分以上，可……”

我把手搭在了她的肩上……

原来，家访的魅力可收奇果啊！

（此文发表于《榆林日报》2014年7月3日第6版，原题《家访偶得》，有改动。）

爱能创造奇迹

“有仁爱之心”，是习近平总书记2014年提出的“四有教师”标准之一。的确，要做太阳底下最崇高的职业，仁爱是必需的素养。因为，爱能创造奇迹。

每次给一班上语文课前，总会在楼道看见二班一个女生孤独的身影。而且有好几次我见她在教师办公室受着“优待”。那时我只带一班的语文课。后来有幸接任了二班的语文课。第一堂语文课，我就发现该女生不听讲且在下面低头干着什么。我怀着好奇心悄悄走到她身后，顿时惊呆了——她手中一幅花鸟虫鱼画映入我的眼帘。我没有打扰她，在她画完此画的合适时机，请她上台展示她的画。她起初不上台，经我再三鼓励，她终于站起来了，可就是不上台。我耐心地给她壮胆（因为从她的表情和动作上我看出了胆怯），又开导了一会，她终于上了讲台。

“不言语、不做作业、不参与任何活动”是她的“三不”特征。我耐心地和学生们一起等了有五分钟，可她就是不开口。我只好说：“我相信 ××× 下次会给我们展示的！”

“哎——”全班同学异口同声地嗤笑着。

我愕然！课下向班主任了解，才知道该生是本班的“刺”。

接下来的教学过程中，一直不见该生交作业。通过几次交流，终于有一次，她的自主学案交来了，但写了不到十个字。我想，她大概是在考验我吧！

“看到了你的自主学案，老师特别高兴！相信你下次的作业更好！”我给了她一行激励的红批语，批语后还画了一个大大的点赞图。

过了不长的一段时间，该生又交来一份作文学案，作文写的是她把上一次的自主学案带回家给妈妈看老师的批语，妈妈特别高兴，还表扬了她，她当时心情特别激动，而且决心要改过自新。习作虽然只有一百四十字左右，但我为了给她自信就肯定了她的学习成果，在班级作文展示时让其展示了作文，她露出了我从未在她脸上见过的笑容。

“爱”的大门打开了。上初中以来从未交过作业的她现在不光按时交作业，而且好些时候有板书设计的新创意，因此经常上讲台展示。经过半年多的“爱”的感染，她的语文学习兴趣大增。这次中期考试后，家长看着65分的成绩，在家长会上激动地说:“我女儿进步了好多！要感谢马老师！”

“我说要感谢您的女儿！”我笑着回答他。

这就能证明爱能创造奇迹。

有一个星期四,一班有一个男生，作文只写了三行便交上来，我针对该生从七年级开始的写字态度不端正进行了数不胜数的激励，可他始终目中无人的态度让我突发请家长的念头，想给家长一个交代。没想到该生是既不给家长打电话，也不到教师办公室谈话，更不进教室让同学们评理，把我难倒了。

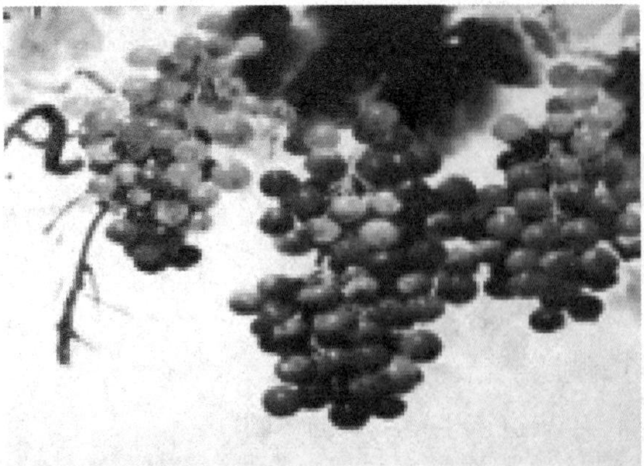

高中生绘画作品 1

后来，在冷战中，我倒写了随笔，并把我的随笔在班上展示，还把最激动的“爱”心留在了表情上。我太委屈和伤心了，因为该生把我对他两年多的苦口婆心化为一句“那我问你”的质问。当时，我对他的态度着实有点恐惧了。

全班学生看到老师如此

伤心，也随着我掉“金豆”，下课后还来安慰我。当我给了该生说话的机会时，他也让我吃了一惊：

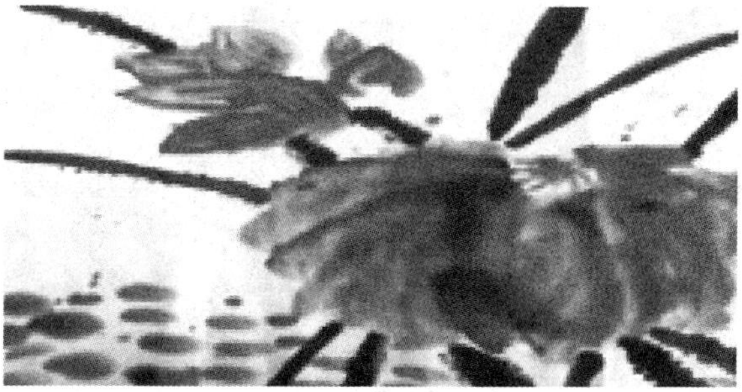
高中生绘画作品 2

“老师，我错了！”

中午，他给我QQ留言：“老师，是你改变了我！”

“老师相信你！这就是教育的真正意义！”我留言。

星期五上课时，我小结了本次教育的不愉快。

“教育的真正目的是让好的更好，不好的也变好！”

于是，我给了该生一个拥抱，教室里响起雷鸣般的掌声，我感受到：孩子们的爱的力量胜过一切。

这就是爱的力量，是不是很神奇？

（此文荣获榆林市第十一中学首届教育叙事比赛一等奖。）

致儿子的一封信

帅，周末愉快！祝“双旦”快乐，更幸福，更智慧！

妈妈现在有好多可喜的事与你分享。作为一名有25年教龄的语文教师，形形色色的学生见过不少，成才之人也大有人在。当然，他们给我带来了成就感，但这成就感远不如把一个个所谓后进生引上正常的学习、生活道路上来得可喜。因为，妈妈认为：教育的真正内涵，即教育乃是养成学生健全的个性或人格。换句话说，就是教育是让好孩子更好，不好的孩子也变好。

妈妈就是在这样的教育理念指引下教书育人的，妈妈想尽最大的努力让身边的每个孩子都生活在新世纪的阳光中。

这学期马上要放假了，因为市上组织七、八年级质量抽测考试，所以，学校近期每周每学科都要组织一次考试。妈妈一直认为：只要学生的思想积极了，学习进步是自然而然的，只不过会因基础不同，进步的快慢、大小有别罢了。

昨天，妈妈拿到八（1）班语文答题卡。哇，有一份答题卡不用说作文，就是所有答题卡上也没写满300字。

为什么？妈妈并不是期盼他考个高分，而是觉得他这种行为不可思议，因为他是我这学期新带的班中最费心，也最关心的学生之一。当然，在妈妈的耐心等待中，他的言行举止已经规范了好多，但他这样对待考试，着实让妈妈吃惊。

“×××，来办公室一下！”妈妈尽量不将内心的疑问挂在脸上或者表现在语气里。本想知道他这样做的真实原因，没想到聊天的收获远不止这些。

开始，他抱着一贯的不以为然的态度。

“坐下吧！”妈妈指了指旁边的一把椅子。

他茫然地摇摇头。“坐吧！我们慢慢聊，因为这节课的时间属于我们俩！”妈妈尽量说得轻松自然。他大概是感觉没啥危险，真的坐在妈妈指定的椅子上。

“请你现在做一件很简单的事：把你考场上两小时做了啥写下来。”

他疑惑地看着妈妈。妈妈把答题卡——写了不足300字的答题卡——轻轻推给他。

不一会，一排并不算难看的字摆在妈妈面前：“开始考试了，我坐了一会，也没干啥，就是发呆。过了一会，我开始看题，实在不会，就写了几个字，然后写作文。写了两句作文，实在太难了，没有思路，我就又坐着。一会到时间了，我就交卷了。”

呵呵，“一会儿”“又一会儿”，好轻松啊！看来我的突破口得从时间上下手。

“两小时对你来说就是一会儿？来，我们算一算这两小时的时间。”

在妈妈问他答的交流中得出“2小时=120分=7200秒”。“这样，时间就要过7200下，你说这7200秒多长啊！”停了停，妈妈看他的表情再不是不以为然了，好像若有所思，“就在这7200秒里，有人能创造比黄金还珍贵的事业，而有的人却在这7200秒里白白等死，你说哪个有意义？”他露出不好意思的神情。

“老师这学期接带咱班的语文以来，怎么对待你的？一次又一次地肯定你，一次又一次地包容你，一次又一次地鼓励你，连一次都没骂过，更不用说打了，为的是啥？”

看着他，我故意停下来，等待他从记忆中找到那一幅幅画面。

“为的是啥？不就是期待你的思想行为更规范。不错，你改了：课堂上发言规矩了，日常行为规范了，作业也交上来了。可这次答题卡上写了不足300

字，这不是你的实力啊！老师感觉太寒心了！”妈妈把“寒心”二字语气加重，并写在他的答题卡最醒目的地方。

他此时一脸的愧疚，严肃的表情下不见了往日的无所谓。

“没关系！如果你能从此改变学习和生活态度的话还不晚。古人曰‘朝闻道，夕死可矣’，我们还有大把的时间！”

他点点头。

“那这样，你在考场写作文没思路，现在老师和你共同完成这篇作文，怎么样？”他愉快地“嗯”了一声。

“作文题目是《我和明天的自己有个约定》。我们就以这次的聊天为素材行文，好吗？”

妈妈做了简单的指导，不到半小时，不光习作按时完成了，关键是让妈妈再次惊奇：文笔是我在最好的学生作文上才能看到的，习作结构前后对比是妈妈最想让学生掌握的，那水到渠成的“约定”是从内心深处发出的……

妈妈直到行文于此，还能感受到自己当时的激动。

教学二十五年来，这样的案例太多太多，这样的感动也太多太多——只为所谓的后进生转化成爱生活、爱他人、更爱自己的充满正能量的人。

妈妈因此而自信满满，更因儿子是热爱生活、爱他人、更爱自己的富有正能量的大学生而幸福！

征服“傻”

当年只带一个班语文课时，不知多少次听到别人对另一个班的学生的评价：“× × × 傻得什么都不懂”。这样的评价不光老师说，就连好多学生也说。我很疑惑，他真傻吗？我给同事建议：“要有耐心，多鼓励表扬他。”

“哎呀，不顶事嘛！我也表扬了、鼓励了，可好不了两天，就又打回原形了！”

他真傻吗？

“老师好！”他满脸笑容地看着我。

“老师好！”来一个鞠躬。

……

这一次次的问好让我一次次地问自己：他真傻吗？我并不给他代课，只是两个班的教室挨着罢了。我早上爱打羽毛球，每天早上能和他照个面。当他们班的语文老师不在时，我给顶过几节课。可他却对我如此的优待——一见面就问好！正因为如此，每次听到“× × × 傻得什么都不懂”时，我就想，如果让我带上他的课，他或许会变好。专家说过：环境能造就一个成功者，也能毁灭一个人。哦，老天还真灵验！这学期，学校还真安排我带了他们班的语文课。

这时，我心中的声音继续：如果让我带上他的课，他或许会变好。因为，我相信教育真正的内涵，乃是养成学生健全的个性和人格。

我从带上一班的第一堂语文课就发现他上课埋头睡觉，完全不把老师放在眼里！于是，我走过去，轻轻拍拍他的肩膀——生怕吓到他。第二堂语文课，他虽然没睡，可连语文课本、导学案都不带，我只是向他笑笑，示意他应该带上课本和导学案，同时给他竖起大拇指，以示他进步了。他似懂非懂不好意思地点点头。第三堂课，他仍然不带书，但比起前两堂课认真多了，神情也不是那么呆板。好事，我心中叫好——鱼儿上钩了！第四堂课，鱼儿像逮住了鱼饵——虽然仍没带课本，但听得好认真，而且给了我更大的惊喜：参与了回答问题。我如饿狼一样抓住了猎物："啊，××× 回答的对不对？"

"对——"

现在，这个学生已是我最得力的学生了，无论在哪堂语文课上，无论他的座位调到哪里（他们的座位是根据情况调换着的）。你听，他参与回答问题的声音最响亮；你看，他的脸上经常洋溢着收获的快乐、幸福的笑容。

发言表志

FAYAN BIAOZHI

在“国培计划（2011）”——陕西省教育薄弱地区中小学骨干教师培训陕西师范大学对口支援榆林市项目开班典礼上的表态发言

尊敬的各位领导、各位专家、学员朋友们：

大家早上好！我很荣幸参加今天的培训班。在此，我谨代表所有参训学员，对给我们提供这次培训学习机会的各位领导表示衷心的感谢！对冒着酷暑为我们传经送宝的各位专家表示深深的敬意！今天，“国培计划”培训活动让我们相聚在榆林，在今后几天的培训中，我们将以饱满的热情和积极的态度投入到学习中，绝不辜负各位领导的厚望。为此，我代表全体学员决心做到以下几点：

一、认真完成学习任务

参加这次培训，是一种荣誉，一种责任，一种压力，更是一种使命。我们会倍加珍惜这次学习机会，端正态度，专心听课；积极交流，虚心学习；互帮互助，共同进步，认真完成学习任务。

二、严格遵守培训纪律

在培训期间，我们将严于律己，严格遵守培训制度，服从统一安排，不迟到、不早退、不无故缺席，人人争当优秀学员。

三、努力成为学科骨干

我们将以此次培训活动为契机，把培训的收获广泛用于教学实践中，通过专家引领、同伴互助、自我反思，不断充实自我，提升自我，成就自我，努力成为名副其实的学科骨干。

“路漫漫其修远兮，吾将上下而求索。”请领导和专家放心，从今天起，我们全体学员会把“国培计划”这个平台当作人生成长的舞台，演好自己的角色，把学生培养成为国家的栋梁之才！

谢谢大家！

中华经典朗诵会主持词

男：尊敬的各位来宾

女：敬爱的各位老师

合：大家好！

男：今天，翔宇实小，高朋满座，共商教研大计。

女：今天，十一中学，群贤毕至，再谱阅读新篇。

男：本学期，我们在老师的精心指导下，开展了中华经典诵读活动，以传承中华传统文化。

女：是啊，我们营造书香校园，诵读千古美文，以传承中华文明。

合：今天，让我们一起来展示同学们的学习成果。

男：金色的童年，阳光灿烂，童年时光我们亲近蒙学经典。

女：金色的童年，如梦如幻，校园内外我们诵读蒙学经典。

男："玉不琢，不成器；人不学，不知义。"我们知道该如何认真学习。

女："香九龄，能温席；融四岁，能让梨。"我们懂得许多做人的道理。

男：我们诵读《三字经》《千家诗》等蒙学经典。

女：入学一年，一年级同学已能背诵七十首古诗啦！

男：下面请欣赏由一年级同学表演的古诗文点诵。

男："学而时习之，不亦说乎。"循循善诱的孔子如在眼前。

女:“富贵不能淫，贫贱不能移”，孟子的话犹在耳旁。

男:“千里之行始于足下”，老子的名言让我们脚踏实地。

女:“吾生也有涯，而知也无涯”，庄子的话让我们懂得了勤学不辍的道理。

男：我们在诵读中与历代圣贤平等对话。

女：我们在诵读中感受历代圣贤的思想。

合：让我们共同传承民族智慧，让中华五千年文化滋润我们茁壮成长。

男：物华天宝，人杰地灵。

女：风光秀丽，景色宜人。

男：这里碧波万顷，烟波浩渺，如梦如幻。

女：这里莺歌燕舞，花红柳绿，如诗如画。请欣赏二年级同学表演的吟诵《水乡之歌》。

男：荷乡有十里荷花，清水出芙蓉，天然去雕饰。

女：荷乡有出水莲蓬，低头弄莲子，莲子清如水。

男：荷乡是“接天的莲叶，映日荷花别样红”。

女：荷乡是“一色裁的罗裙，芙蓉向脸两边开”。

男：啊，美丽的荷乡，让我们在淡淡的荷香中吟诵你……

男：美丽的荷乡令人向往。

女：荷乡的孩子在快乐中成长。请欣赏由二年级同学表演的《采莲谣》。

男：起伏蜿蜒，雄奇险壮，这就是山。

女：涓涓细流，浊浪排空，这就是水。

男：山，站成一个参天的叹号，抒写着一段青涩的情感。

女：水，流淌成一个前行的逗号，描述着古往今来的颤动。

男：今天，让我们走进山的世界里，去饱览山川的秀美。

女：今天，让我们徜徉在碧波之中，去陶冶自然的情怀。

男：你看，少先队员们在火车的鸣笛声中，在青山绿水间，开始了他们快乐的旅程。

男：江山如此多娇，引无数英雄竞折腰。

女：风景这边独好，数风流人物，还看今朝。

男：从您的诗句中，我们感受您豪迈的激情、深邃的思想。

女：从您的诗句中，我们领略您博大的胸襟、伟人的情怀。

男：一代伟人——毛泽东。

男：最是书香能致远，书香伴我们一路远行。

女：腹有诗书气自华，好书养育我们的灵魂。

男：让我们师生共读经典，在书海中徜徉。

女：让校园充满人文气息，在书香中感受读书的乐趣。

男：中华经典的铿锵音韵还在我们耳边回响。

女：中华经典的千古风韵还在我们心头荡漾。

男：诵读中华经典，让优秀的民族精神在我们血脉中流淌。

女：诵读中华经典，让民族文化智慧支撑我们人格的脊梁。

男：愿五千年文化瑰宝大放异彩。

女：愿中华儿女豪情满怀，再谱新的乐章。

诵读中华经典　营造书香校园

——首届读书节教师讲话稿

尊敬的老师、亲爱的同学们：

在这春暖花开的美好季节里，我们迎来了学校第一届以“诵读中华经典　营造书香校园”为主题的读书节，读书节活动从4月23日开始，历时一个月。

在这特殊的日子里，我们的校园涌动着一股读书的热潮。学校想通过此次活动，营造浓浓的读书氛围，激发师生的读书兴趣，让学生在大量的阅读实践中了解祖国悠久的历史和灿烂的文化，感悟祖国语言文字的博大精深，建设书香校园，促进校园文化建设。

同学们，读书就是和高尚的人对话，读书是一种心灵的旅行。一本好书，能够启迪我们的智慧，开拓我们的视野，点燃我们为实现理想而拼搏的信念。读书节，顾名思义，就是为读书设置的节日，在节日里大家一起读书，交流读书收获，共享读书的快乐。

读一本好书，就像交一位良师益友。鲁迅先生也曾说：“读书，就是要把书当做朋友一样，去读懂这位朋友内心最深处的世界。”读书、学习，是少年儿童成功立业的必由之路，儿童时期是一个人一生中读书、学习的黄金时期。我们要让读书成为习惯，要让读书成为乐趣，只有当你发现了读书的乐趣，带着享受的心态沉浸其中，你才能体会那种持久而特别的喜悦。

今年，我们学校添置了大量适合少年阅读的优秀图书，这些精神食粮能够提高学生们的读书兴趣，营造良好的书香校园氛围，所以，我们更加期待读书节的顺利举办，并取得预期的效果，而这一切，还需要全体同学、老师以及家长的共同努力。

本届读书节学校安排的活动丰富多彩，如通过读书摘笔记，写感想，积极投稿，争当“阅读之星”“写作小明星”，开展经典诗文朗诵会、晨诵15分钟经典作品，等等。让我们积极行动起来吧，用心灵和书进行交流，让浓郁的书香充盈校园的每一个角落，让师生共同读书成为一道永恒而亮丽的风景线。

我希望每位同学都能带着积极的心态用心读书，根据读书节的各项安排和要求，积极参与各项读书活动，从读书中获得新知，在读书中快乐成长，所谓读有所知，读有所获，同时，要善于将书本知识和独立思考结合起来，将读书与培养自己的各项能力结合起来，人人做到“四动”：动眼、动嘴、动笔、动脑，让自己的每一分付出都有收获，让读书成为自己健康成长的有力保证。

最后，我代表学校预祝本届读书节取得圆满的成功！祝大家在读书节活动中获得快乐、得到成长！

2018届中考百日冲刺大会教师发言稿

小建议：请全场所有同学挺起胸膛、竖起耳朵、睁大眼睛，与台上每一位发言人热情交流，这样，你会有更大的收获！

尊敬的各位领导、老师，可亲的同学们：

大家好！

今天，我们欢聚于此，我认为是为迎接百日后无事一身轻的自由生活。但这自由生活与今天会议的主题——2018届中考百日冲刺大会有必然的联系。可见，对于九年级的师生来说，今天是个特殊的日子。我，作为九年级的教师代表与所有九年级的同学在此面对面交流，深感责任很大。在此，我建议：借用大家宝贵的双手感谢学校在此关键时刻给师生搭建这样一个面对面平等交流的平台。

忆及你们初来乍到的稚气未脱，如在昨天；追思我们共同经历的酸甜苦辣，就在眼前。正当我们还想让师情酝酿的更加醇香时，中考的号角吹响了！

百日，即一百天！一百天，说短也短，在历史的长河中只是沧海一粟，在人的一生中也不过弹指一挥间；一百天，说长也长，长得足以改变一个人的人生。而人生又是绝对没有返程的旅途。

那我们有什么理由放弃呢？

古人云："临阵磨枪，不快也光。"亲爱的同学们，这一百天，对你们来说是幸福与痛苦交织的一百天，是压力与竞争联手的一百天，是智慧与奋斗相随的一百天，是身体与意志抗争的一百天，更是九年期待、九年蓄势待发、最后冲刺的一百天。

为了让每位同学多一分喜悦，少一丝忧虑；多一分收获，少一点遗憾；多一分感激，少一句埋怨……在这一百天里，我们十四位老师一定不忘初心，牢记使命，义无反顾，一如既往伴你们左右，全力以赴与你们并肩备战中考。老师们愿意将自己的生命融入每位同学灿烂的笑容、美好的回忆当中——"甘将心血化时雨，润出桃李一片红"！为此，我们会对每位学生有更严格的要求、更规范的训练、更严厉的教导、更疯狂的督促，但请你们相信：这是老师们不求回报无怨无悔的真爱。

在此，我代表九年级老师庄严宣誓：

不忘初心，牢记使命；科学施教，寓教于乐；身先士卒，和谐相处；刻苦钻研，竭尽所能，为你们托起明天的喜悦。

妈妈虽然不识字，但在2002年爸爸突然离开我们后，妈妈为了激励我们坚强地生活，常唱《毛主席语录》里的《世界是你们的》："世界是你们的，也是我们的，但归根结底是你们的。你们青年人朝气蓬勃，正在兴旺的时间，好像早上八九点钟的太阳，希望就寄托在你们身上！"这首歌成了我们兄弟姐妹的励志歌。今天，老师把这首歌也送给在座的大家！但愿这首歌也能成为同学们的励志歌，伴你们走进中考的大门，走向喜悦，走向成功！"长风破浪会有时，直挂云帆济沧海。"

老师相信你们棒棒哒！

写作引领

XIEZUO YINLING

感　恩

习作一

要求：请以《爸爸妈妈，我要做________的人》为题，写一篇不少于800字的作文。

下水文

爸爸妈妈，我要做一个正直的人

今天有幸听到博瑞智教育机构早课堂第167期：余光中的《孩子，我希望你做这样的人》。其中第一点就是“你必须是一个理想主义者”。这不由得让我想起了已离开我十五年零五个月的父亲。父亲想让我成为一个怎样的人呢？对，父亲肯定想让我做一个正直的人。

父亲虽已离开我已十五年零五个月了，但他对我的影响一直没有停止。

我的父亲是一位正直无私、坚强刚毅的老共产党员。

从我记事起，父亲每天天不亮就起床去地里干农活，一直干到中午一两点才回家，吃的是将高粱压碎的小颗粒和十来片用水浸泡后压扁的黄豆撒进开水做的稀饭；菜是炒洋芋，不见多少油水。如果有个玉米馍馍就很奢侈了。饭后，父亲还要干家里的活。过了中午，再去地里干农活，直到上灯看不见了才收工回家。即使不去地里干农活，也要为村里的事忙碌——父亲一直担任村干部，不是因为这两家水路纷争斗嘴做调节，就是为那两家因地界纷争打闹做评判，无论多么棘手的事情，父亲都能处理得让村民心服口服。

后来妈妈又给哥哥和我添了弟弟妹妹，全家共七口人，就靠父亲一个人挣钱养家，生活很是拮据。有人说："你爸一直是村干部，日子好过。"可用我妈的话说："你爸村里负了一辈子责，连根针也没带回来！不光如此，别人要是说没啥东西，只要自己家中有，就拿给人家了。"

父亲为人民服务的品质不仅表现在这些琐碎事情上，还表现在一心为公上。

记得村里刚拉上电，父亲要去绥德买变压器，顺便带我看病。父亲骑着自行车带着我，用测测饭养育的双脚用力蹬着自行车。终于到了绥德，为村里办事跑了一早，我俩连一口水也没喝，更不用说吃了。不光这次，不论哪一次为集体办事，父亲都是饿着肚子回家。"我们共产党员要做好节约的表率，不能拿集体的财产方便自己。"20 世纪 80 年代前后，农村新修窑洞风盛行，村民审批地盘，父亲把住原则：川地好地无论谁都不给审批。终于保住了村民种粮的老本。

父亲虽已离开人世十五年零五个月了，但他做人的原则一直影响着我。

习作二

陈忠实在获得茅盾文学奖时，说出了他的动力源：看到比自己小七岁的路遥写出了那么多优秀的小说，成了自己写作的动力。当他沥尽心血写出《白鹿原》后，他获得了成功……在成长路上，你的动力源又是什么呢？

请以《我的动力源》为题，写一篇作文。

下水文

我的动力源

"你挣哈了！谁你也要帮！"

听到母亲气冲冲的话，我没有一丝因为所谓的“挣哈了”而高兴，回敬了母亲：“挣没挣哈，该有的人情门户还得有！”

我现在成了所谓的公家人，不用过父母年轻时面朝黄土背朝天的艰难生活，仔细想想，那时走出山沟沟的动力源是什么？

那是20世纪七八十年代，我爷爷和后奶奶（我亲奶奶早逝）在世，家中半月二十天就吵架，原因十有八九是父母要在地里挣工分，我们兄弟姊妹小没人管。我妈因此很伤心，但也就吵吵罢了，无力改变现状。

其中有一次，最让妈妈痛彻心扉。

那天，我爸妈都到很远的山地里刨洋芋、分洋芋（那时候是农业社，秋天到收洋芋时，所有社员白天刨洋芋，天快黑了才提着马灯分洋芋，分完还得赶黑把洋芋背回家）。当时我刚记事，我哥刚上小学。

当爸妈挪着疲惫的脚步，背负着分到的救命洋芋（那时饿得人真有要命的感觉）迈进我家大门时，看到自家的土窑洞黑灯瞎火，而我爷爷那边灯亮着（我们在一个院住着），屋里传来一个小孩子的声音：“婆，我还要吃白面，白面可好吃了（那时吃白面比现在的山珍海味都难）。”

这时，我妈就想：我的孩子（那时只有哥哥和我）在哪里？放下背上的洋芋，蹒跚走到自家门前，仍是铁将军把门。我爸妈就去街里外里找，可哪里也找不到哥哥和我。无奈之下，妈妈走到爷爷的门前，轻推双扇门往进瞅，不瞅还好，一瞅气就不打一处来：爷爷在椅子上坐着，后奶奶和她前家外孙在锅边坐着大口大口地吃着，旁边再没有其他孩子。

我能想象当时妈妈的痛心。

爸妈找遍所有邻居家，甚至连他们的厕所都找了，可就是找不到两个孩子，我爸妈心都碎了。

那时已是秋末初冬的天气，北方的寒气已袭来，可我爸妈找不到两个孩子的心寒已胜过了天寒。经过撕心裂肺的寻找，最后在爸妈放洋芋袋子的石床上找到了抱着我睡着了的哥哥。

就这样，妈妈和爷爷奶奶的战争又拉开了序幕……

这样的家庭战争伴随着我长大。

每当看到爸妈辛苦一年仍分不到多少粮食后满脸的愁容，每当看到爸妈因无人看管孩子而痛苦的神情，每当看到爸妈尽管坚强地操持而依然贫困的家……我就下定决心，读书读出个人样来，再不让爸妈那么辛劳！

所以，在爸妈苦难生活的动力源支配下，我终于走出了土疙瘩，“挣哈了”！

习作三

请以《奋斗的路上有_____》为题，写一篇文章。

下水文

奋斗的路上有爱相伴

“把你整理好的论文目录拿来，我让专家给你把把关！”老公满脸的自信。

“还没整理好，等我有好状态再整理。”我有些许尴尬——我的事老公总是比我上心。

记得有一次要讲示范课，我选定了朱自清的散文《春》。经过一番精心设计，我备好了课，并且把朱自清笔下的春景图设计成“孔雀开屏图”。孔雀之美人皆知之，但要画孔雀，却非易事。那时，儿子上小学，下班后，除了家务活外，我还得帮儿子解决学习上的问题，所以备课都要在晚上进行，再加上要设计“孔雀板书”，我真是忙得头晕目眩。

“要我帮忙吗？”在我正犯愁时，老公如及时雨一般来到我的身旁，拍着我的肩膀问。

“要啊，太需要了！”我一下蹦了起来，立刻拿来示意图，给他一五一十详细描述我的设想。他认真地思考着我的设计意图，绝不亚于上学时听老师讲课的神情。

夜深人静，儿子进入了梦乡，而我和老公才“埋头笔耕”——我修改试讲教案，他画孔雀，让我想起了《天仙配》里男耕女织的镜头，好不惬意。

在乳白色的灯光下，我看见他一会剪纸，一会画图，一会写字……比我都有劲头、踏实。我心中不免愧疚，为了我的工作，他也不能按时休息。就这样，准备到快凌晨两点，我们终于结束手中的工作，明天我就能在示范课上展示了。

第二天的展示课结束，所有老师都对《春》的赏析学习大加肯定："马老师，你的板书好有创意啊——图美、字美、课更美！"听着同事们的褒奖，我心中的暖流涓涓而来。

在奋斗的路上有爱相伴，我永远自信满怀。

习作四

榜样，字典中的解释为：可以作为效仿学习的人。在我们生活或成长过程中，有许多这样的人，他们或给予你奋斗的目标，或给予你前进的动力。

请以《我心中的榜样》为题，写一篇文章。

下水文

我心中的榜样

虽然爸爸已远离我，不，是永远离开我已有十六年之久，然而，爸爸一直活在我心中，是我人生的榜样。

那是20世纪70年代，农村还吃大锅饭。尽管农民每天起早贪黑地辛勤劳作，但到秋收每家分到的口粮压根不够一家人充饥。那时我刚上小学，哥哥比我大四周岁，上四年级，下面还有个妹妹，都正是长身体的年龄，可粮食太缺，经常饿得你哭我喊的。向别人家借，可是那时绝非我们一家缺粮，全村人都缺啊！看着孩子们饿得哇哇哭叫，妈妈却是"巧媳妇难为无米之炊"，也经常因此哭鼻子。无奈之下，妈妈让爸爸开口向队里借点粮食，等秋天分粮后再给队里还。可爸爸严肃地说："我们缺粮，谁家不缺粮？你想借，谁家不想借？那可是队里的公粮啊，我们共产党员绝对不能做对不起党的事！"

就这样，我们一家人每天都是饥肠辘辘的。虽然肚子吃不饱，但活还得干。哥哥放学后要上山挖猪草。除了家务，妈妈还得到机建队挣工分，晚上还要在煤油灯下缝缝补补。爸爸更不用说，起早贪黑，白天忙队里的事，晚上忙家里的事，当我半夜醒来，总看见他在煤油灯下写写画画，不知在干啥，后来才懂得那是在算账或规划村里建设啥的。我和妹妹还干不了重活，但我得照顾妹妹的吃喝拉撒。爸爸为了不让家人生活太艰难，自己就多挣工分，无论背的、挑的、拉的都比同龄人重，以致后来他的腿肚上“爬”了好多老粗老粗的“蛇”（我那会小，就这么认为，现在知道那是静脉曲张）。等我上了初中，才懂得那“蛇”其实是因爸爸干活太重，苦出来的病。但他一直默默无闻地干事，从不言苦。

爸爸就是如此正直刚强，以致我妈现在还唠叨：“你爸负了一回责，咱家连一分钱的光都没沾，反倒家里的东西，谁说需要，立马就给人了！”每每听到这些唠叨，都能感觉到妈妈心中的痛（那时实在太穷了），但我对爸爸更钦佩了——在那吃不饱穿不暖生活无保障的艰苦岁月，都能坚守原则，不愧是一个真正的共产党员！

爸爸是一名真正的共产党员，不仅不给集体惹丝毫麻烦，而且在教育子女方面也有极其智慧的选择。

20世纪80年代，我上初中，初三毕业没考上中专（那会考上中专就能端上铁饭碗），就决定补习。那时，我家又添了两个弟弟，成了七口之家，生活的艰难可想而知。而父亲听说我要补习，毫不犹豫地给我准备好了学费。我知道家里没有那么多钱，肯定是他向人借的。村里有人质疑：“女子念书还念了一年又一年。”那年头，谁家有女女，生活困难就给女女找个婆家，得很多彩礼，自己的日子就好过了。而我爸却对我说：“娃啊，只要你想念书，念得多呼爸供得多呼！”爸爸说着，轻轻拍拍我的头（就在写作此文时，我又感觉到了爸爸爱的抚慰，眼泪止不住湿了眼眶）。

就是在爸爸这份爱的鼓励下，我终于走进了师范的大门，并最终成为一名人民教师。

在我二十六年的教学生涯中，无时无刻不在思念我的爸爸，无时无刻不被爸爸身上体现的正直无私的高贵品质所感染着。

正直无私、刚强不屈的爸爸永远是我心中的榜样！

习作五

请以《出游记》为题，写一篇文章。

下水文

出游记

二零一七年七月我与三弟、妹妹陪同七十多岁的妈妈进行了一次家庭出游。

自儿子上大学后，生活相对清闲了很多，趁妈妈还健康便组织了这次出游！

三弟自驾车从河北香河县出发，首站是被蹂躏但现已修葺一新的圆明园。看着妈妈领略荷花之美后的灿烂笑容和观赏圆明园内亭台楼榭的陶醉神情，我欣慰地自言自语："妈妈也终于看到了外面的世界，享受了快乐，不枉此行！"

第二天，我们怀着对圆明园的眷恋，来到号称京北第一草原的丰宁坝上草原。看着一望无际的大草原，妈妈不禁发出感叹："呦，这么大的绿草滩，那马儿、羊儿吃都吃不完！这里的牧民可不用像我们喂牲口一样还得每天出去挖草。"从妈妈的言语中听出来她对蓝天白云下牧民生活的赞叹——也许，这又勾起她对自己养猪、喂羊艰辛生活的回忆。看着儿孙骑马体验牧民生活，老人家情不自禁地发出朗朗的笑声。

与广袤的草原告别，再往北来到了内蒙古边上，当天晚上我们住在蒙古包里。曾经在电视上看到的像一个个大馒头似的蒙古包，现在就伫立在我们眼前，老老少少里观外看，手摸嘴问，才了解了蒙古包看起来简易实则构造复杂。妈妈自言自语道："这也像我们的窑洞一样，有做饭的地方，也有放东西的柜子，还有睡觉、洗漱的地方。"是啊，这儿有和我们陕北相似的生活摆设，但不同的是，晚上灯一关，就听见"沙沙沙"的声响；一开灯，便发现好多聚会者——草原虫，让恬静的草原夜增添了些许惊恐。

长途出游黑龙江齐齐哈尔市，了解冬天气温能降到零下二十多摄氏度的东北，消除了对东北些许的好奇；还游了辽宁省葫芦岛市龙湾区渤海湾，领略到《大海啊，故乡》的依恋，磅礴的海湾让本就坚强的母亲心胸更加宽广，我们做后辈的也受益匪浅。仰望无锡 88 米高的灵山大佛之雄伟，感受九龙灌浴音乐喷泉更让我们仿佛身处仙境……

本次出游，妈妈收获了快乐，做儿女的我们也感到更快乐。

关 爱

习作一

请以《_________背后》为题，写一篇文章。

下水文

不可思议的语文成绩背后

“老师，××× 考了 4 分！”一个学生举着考卷脸上带着诡秘的笑。

“老师，××× 考了十几分！”

“老师，××× 也考了十几分！”

……

学生们如脱笼之鸟，叽叽喳喳争着给我汇报，而我却哑然。这是怎么回事呢？镜头回到本周二的语文小测试。

当我拿着语文测试卷兴冲冲地走进九（1）班教室，看见趴在桌上的五六个学生是那么显眼，我想，他们肯定是前两节课后发困，趁间隙休息一会儿，有个好状态来答这份试卷。

我怀着对学生始终不变的信任发了试卷。

“你生病了吗？”我问一个趴着的学生，他坐起来却不回答。如果他生病了，我也不能强迫他参加测试，就建议他请假回去看病。可他不回答，那应该是没生病呀，可是他也没有从趴着的状态回到考试当中。我又说："既然没生病，就请认真答题！"他勉强拿起笔，好像要做题了。我识趣地走开了。

一转身，哎，那边趴着的可比前面较量过的更有谱。

"谁想睡觉？可以到集体办公室或我三楼宿舍去睡。如果生病不能参加测试，就请假回家看病去！"

然而，这些同学对我的警示毫无反应。我有些无助，转身以教师的职业道德激励自己，走向询问过缘由的学生，可没等我走到他跟前，他已握起了笔，当我离开他没多远，他又如不倒翁——倒下了！

三番五次，我在三四个"不倒翁"之间穿梭……

看着同学们拿着的十几分甚至几分的语文试卷，我羞愧至极：一年多的人性化教育，你就教出来几个"不倒翁"，而且是目中无你的"不倒翁"！你的自信哪里去了？你的教学经验哪里去了？

成绩，所有家长、学校要的成绩可以不在乎，但是这成绩背后的行为太令人难以置信，这些学生脑子里究竟想的是啥？

我一千遍一万遍地问自己，心中是一片惘然。

习作二

请以《真正的好》为题，写一篇文章。

下水文

真正的好

正月十二，终于有机会和初中时最钦佩的老师相聚，到场的还有十几个初中同学。

因为在场的大都是小学或初中教师，所以，我们聊的话题就自然围绕教育展开啦。

"现在有些年轻人没有一点责任心！"正当我们聊得热火朝天时，我们的老师总结了这么一句。紧接着他就列举了几件身边的事。所有在场的同学都听得津津有味，不时点点头“嗯”一声，沉思着……

“这究竟是啥原因？”一个同学接住话题说，“我们都是搞教育的，可以探究一下！”

我一下就想到了一个镜头：那是 1987 年我上初中时。

“老师，我眼睛近视，给我调一下座位！”

“老师，我的视力 1.0，坐这里看不见你。”

“老师，我坐这里也看不见。”

……

因为那会初中允许补习，所以一个初三应届班至少十个补习生，甚至有高中念完考不上大学返回初中补习的。所以，学生排座问题比较复杂。

这不下十个学生的调座请求，都是在老师板着脸的状态下进行的。

就这样，我被调到倒数第三排，而那时一个班有七八十个学生。我看看自己的座位，硬硬远离自己能接受的座位五排。一向胆小的自己不知道如何是好，如坐针毡。经过激烈的思想斗争后，终于鼓起勇气怯怯地对老师说：“老师，我、我、我……听不见！”话没出口，脸已经红到耳根。

“怎么啦？”老师生气地问。

“我、我、我……听不见！”我终于把这句话说完，脑子里“嗡嗡嗡”地响个不停，心跳明显加快，头几乎低到桌子上了。

“什么？”老师好像很吃惊，“见过几个眼睛近视的，没见过耳朵近视的！”

这句话绝不亚于一声炸雷，在我耳边爆炸开来，我本就轰鸣的大脑此时一片空白，两耳真的啥也听不见，只有连成线的泪水往下流……

我也不知是怎么回到家里的，此后整天以泪洗面，退学的念头萌生，任凭妈妈如何问，只答不上学了！最后，在非常支持我上学的妈妈的眼泪感染下，我才说出了原因。尽管妈妈很伤心，但还是让我回到学校。

这让我无地自容的一幕牢牢烙印在脑际，至今记忆犹新。

“妈妈，你的一句话可以造就一位科学家，也可毁灭一个科学家！”

又想到儿子时不时警示我的话语。

好老师，究竟如何才算“好”？坏学生，如何为“坏”？教师在其间又起多大的作用？

我想，在衣食住行全不愁的新时代，好老师更应注重培养学生积极乐观的心态、敢闯敢拼的自信心、勇于承担的责任心，不能单纯追求高分！教师必须从自身一言一行做起，才能成为名副其实的好老师！

习作三

请以“兴趣”为话题，写一篇文章。

下水文

兴趣，是一种甜蜜的牵引

刚批改了八年级（2）班的预习文言文《三峡》导学案，“优”的占了百分之四，“棒”的占了百分之四十五，“A”的占了百分之十，“B”的占了百分之五。预习情况让我在批改八年级（1）班作业时失落的心一下像触了电似的，能量满满。（2）班有这样的预习效果，我要感谢一位老师——兴趣。

记得刚带上这帮孩子，单看他们作业本上的名字我就犯愁。

第一次发作业是在第二堂语文课上。“老师，这个本子的名字不认得！”一位学生说。

七年级学生写的名字竟然能考住学生？向来不服输的我不服气地说：

“拿来，老师见识一下！”

拿到作业本时，我真是吃惊不小：第一个字像“文”，但睡着觉；第二个字是立刀旁，右边怎又是个“上”字，可是横还不和竖连在一起；第三个字看字形应该是上下结构，可上部的笔画四分五裂，下部的笔画也是四分五裂。

等到其他同学的作业本全发完了，我拿起这本考住我的作业说：

“请问谁的作业没拿到？”

我的语音刚落，一位看起来性格很固执的男孩从我的右前方站起来。

“是你的吗？”我顺手递过作业本。

本来想我们都刚见面，不想彼此难堪。呵呵，没想到这个男孩还不饶人了。

“老师，他们是故意不给我发！谁说这认不得！”一副理直气壮的样子。

“既然你说认得，那同学们现在传一下这本作业，看有多少同学认得作业本上的名字。”

于是，这本考住老师的作业有序地在班内传阅。接到作业本的同学，大都是摇头晃脑……

“你怕别人不给你发作业本，就把自己的名字写得帅一点，你能做到吗？”我并没有真的统计有多少同学能认得这名字，更没有过多的责备，只简单地评价了几句。

过了不多久，“老师，我的名字认得了吧！”又是那位学生在语文课堂上问我。我看他举着语文作业，给他一个点赞的动作……

我想，正是我不过多责备，安抚了孩子们的心灵，让八年级（2）班像他一样的学生对语文学习产生了兴趣。就是这无形的兴趣，才让我看到可圈可点的导学案。

兴趣，是一种甜蜜的牵引，牵引爱知识的人走向更美好、更幸福的远方。

习作四

以读书节为契机，请以“书香”为话题，写一篇文章。

下水文

中华书香伴我行

人人皆知，我们伟大的祖国，地大物博，历史悠久，文化灿烂，有着五千多年的文明史，传承着我们民族的智慧、民族的精神。

忆及金色的童年，旭日东升，我们亲近蒙学经典，诵读蒙学经典。“玉不琢，不成器；人不学，不知义”，让我们知道了该如何认真学习。“香九龄，能温席；融四岁，能让梨”，使我们学到许多做人的道理。“学而时习之，不亦说乎”，循循善诱的孔子如在眼前教导我们。“富贵不能淫，贫贱不能移”，孟子的话犹在耳边。“千里之行，始于足下”，老子的话让我们脚踏实地的拼搏。“吾生也有涯，而知也无涯”，庄子告诉我们勤学不辍的道理。

健壮的青少年，朝气蓬勃，如早晨八九点钟的太阳。我们在诵读中华经典中与历代圣贤平等对话，感受历代圣贤之思想。“长风破浪会有时，直挂云帆济沧海”，诗仙李白《行路难》感叹下闪出的希望之光让我们振奋。“安得广厦千万间，大庇天下寒士俱欢颜”，诗圣杜甫在痛苦和沉思中振作，使我们的理想之树长青。“先天下之忧而忧，后天下之乐而乐”，范仲淹的政治抱负已成为多少志士仁人做人修身的座右铭。“醉翁之意不在酒，在乎山水之间也。山水之乐，得之心而寓之酒也”，太守欧阳修与民同乐的情怀感染着我们。

再后来，读“俱往矣，数风流人物，还看今朝”，一代伟人毛泽东让我们感受到豪迈的激情、深邃的思想。“我从东风来，从汹涌着波涛的海上来”，艾青笔下“黎明”的到来，让我们看到了祖国的希望。

腹有诗书气自华！来吧，亲爱的朋友们，让我们共读中华经典，让书香永伴我行。

读中华经典，铿锵音韵永远回响在我们耳边！

读中华经典，千古风韵永远荡漾在我们心头！

心　迹

习作一

善于奋飞的人天上有路，敢于攀登的人山上有路，勇于远航的人海上有路。鲁迅先生也说:“其实地上本没有路，走的人多了，也便成了路。”

请以《这才是我的路》为题，写一篇作文。

下水文

这才是我的路

“你就当好一个教师，上好你的课，带好你的学生就很好！”现在已是校长的初中老师深沉地顿一顿说，“我当校长一路走来，真的太不容易啦！”

这郑重的话语时常萦绕在我耳边。

是啊，做一个只要“上好课”“带好学生”的老师，真好!

2009 年，榆林市第十一中学招聘教师，我有幸从县城调进这所市直学校，欣喜之情溢于言表。对于一个热爱教育事业并想干出点名堂的教师来说，新的教学环境使我精力充沛，尽管是一个班的班主任，带两个班的语文课，还兼管学校教务、德育工作，但浑身有使不完的劲，并且当时学校各种规章制度尚未建设完备，学生管理也刚刚起步，我的工作量之大可想而知：数不清的夜晚彻夜未眠，但我毫无怨言，一想到三年后从这里走出去的第一届初中毕业生的历史上有自己的一笔，干劲更足了。

2009 年 10 月过后，经过学校几轮选拔，我正式成了学校主管德育工作的副主任。我热爱教育，任劳任怨、早出晚归的工作，希望榆林市第十一中学的名字在榆林兄弟学校的教学质量评比中名列前茅，因此，我以校为家，一心为十一中的工作而辛劳着。

可在另一所学校当校长的初中老师语重心长地对我说：

“我从一般教师走到校长的位置，深知其间的艰辛和艰难。你就当好一个教师，上好你的课，带好你的学生就很好！我当校长一路走来，真的太不容易啦！”

因此，我就应了老师那句“当好一个教师，上好课，带好学生”的话，选择当一名普普通通的教师。

现在，我面对所带的每一届每一班每一位学生，均以阳光的、积极的、毫无功利的心态教导他们，一心为学生献上爱。

“当好一个教师，上好每一堂课，带好每一个学生”是我义不容辞的责任，更是我人生的目标！

习作二

在社会飞速发展、物质生活日益丰富的今天，娱乐已经渗透到生活的方方面面。我们无时无刻不被娱乐包围着，网络、电视等各种媒体给予我们丰富的娱乐内容，日常生活中我们也便捷地参与诸多的娱乐活动。作为学生，枯燥的学习之余，肯定也有丰富多彩的娱乐生活。你的娱乐生活是怎样的呢？你所见到的娱乐活动又是怎样的呢？

请以《娱乐在我身边》为题，写一篇文章。

下水文

娱乐在我身边

“妈妈，你是准备休息还是想唱歌？”儿子挺着一米八的身板，笑着问我，

“九点半了！”

“妈妈想听你唱《突然的自我》！”我抛给儿子一个调皮的眉眼。

“在全民 K 歌上，还是你自己唱！”儿子给我竖起大拇指。

提起全民 K 歌，爱唱歌的人都知道，这是一项便捷的手机娱乐 APP。打开“全民 K 歌”APP，你想唱、能唱的歌全部都能搜到，不用担心记不住歌词——有网络提供；不担心不会唱——可以学一句唱一句，不必担心分值不高——每一句唱到你满意为止再保存，不用嫌独唱单调——可以合唱展示，不担心没人听——可以无数次分享……它真是一项其乐无穷的娱乐活动。

作为一个歌迷，“全民 K 歌”给我带来了无限乐趣。

“同学们，今天开始我们学习‘亲情无限’这个单元。现在，我们学习朱自清的散文……”

还不等我说，学生们异口同声道：“背影。”

“那大家知道，写的是谁的背影？”

“父亲——”同学们脸上洋溢着骄傲的笑容。

“很好！看来同学们预习得很到位。朱自清写文章表达父爱之细腻，如果我们用歌曲来赞美父爱，选哪首歌？”我笑着环视教室。

“筷子兄弟的《父亲》！”学生们脸上挂着稚气的微笑。于是，我打开手机“全民 K 歌”，在激烈的鼓点声中，学生们引吭高歌，激情饱满。快乐中学习，娱乐就在我身边——课堂上的“全民 K 歌”，寓乐无穷！

“××、×× 快点出来唱歌，不听你唱歌我睡不着！”“哈哈哈，×××、××× 那你就梦 ×× 的歌声去吧！”

每到晚上九点左右，同学微信群里时不时响起类似的吼声，这是初中同学微信娱乐群的游戏。于是，玫瑰花、红包此起彼伏地出现到群里，我打开“全民 K 歌”吼几声再分享……

娱乐在我身边，时时刻刻给我和你、他带来丰富的精神食粮。

习作三

近日，《中国诗词大会》第三季总决赛，“80 后”外卖小哥雷海为夺得冠军。

主持人董卿评价道："你在读书上花的任何时间，都会在某一个时刻给你回报。"外卖小哥身上所折射出的精神，也激励了不少观看节目的观众。一位网友动情地留言道："你在送外卖的路上悄悄背诵的唐诗，你忙里偷闲在图书馆里查阅的宋词，你在每一个日晒雨淋后读过的元曲，都在这一刻绽放出来！"其实仔细品读，很多诗句中都有我们自己的影子。

请以《这句诗中有我》为题，写一篇作文。

下水文

这句诗中有我

我离开家乡已有二十六年，但一想起"举头望明月，低头思故乡"的诗句，心中就有股暖流涌动。

我是A县人，1992年师范毕业，走向工作岗位。从未离开过家乡的弱女子，要到远离家乡的远方（当时A县是一个偏僻乡村）去，我心中的恐慌不亚于被独自丢在野山林。报到那天，哥哥开着那时农村特时兴的六轮拖拉机，父亲陪我坐在拖拉机的车厢里。之后就我一个人在此。上班时还好，没时间让思绪回到亲人身边，但一到下班后，空荡荡的院落、孤零零的屋舍就会让我想起家人，冷静下来自己反而又庆幸：身处和平年代，终有回家探望亲人的日子——因为家有父母兄弟姊妹。

回一次家，足可以让我思故乡的小心脏兴奋上半月二十天。

后来我成家了，但结婚后我们便两地分居——因为爱人在B县（B县距离我娘家更远）。2000年，是我和老公两地生活的第八年。因儿子要上小学，我调到B县的一所中学，所以就离父母更远。不幸的是在我调至B县的第二年，父亲因为积劳成疾，于2002年辞世。自此后，我思乡之情更浓——因为家有母亲和哥哥。

因此，回一次家，足可以让我思故乡的小心脏感慨上半月二十天。

2017年8月23日，我挚爱的哥哥因为意外事故不幸身亡。噩耗传来，我欲哭无泪，呼天喊地问苍天：为什么？为什么？为什么？可任我喊破嗓门，又有谁为我作答。全家人备受煎熬后，尽管不能接受，但为让挚爱的哥哥入土为安，不得不咽着泪水为哥哥举行了葬礼。自此，我对家乡牵挂更深，“举头望明月，低头思故乡”的情结更浓——因家中有我的老母亲。

现在，每当读到“举头望明月，低头思故乡”这句诗，家人幸福的一幕幕就会浮现在脑际——特别是爸爸和哥哥在世时的一幕幕。

“举头望明月，低头思故乡”这句诗中有我。

习作四

有人说，人生就是不断拥有和寻找的过程。不曾拥有，你会努力寻找；失去拥有，你又会四处寻找；有时拼命寻找，你却失去了原来拥有的；有时你苦寻不得，“蓦然回首，那人却在灯火阑珊处”……寻找是一种向往、一种呼唤、一种精神的回归。

请以《寻找》为题，写一篇作文。

下水文

寻 找

我看着那简陋的灵柩，看着灵柩上哥哥的 12 寸相片，耳边回荡着哥哥熟悉的声音：

“妹子，你这周要回来掰玉米，不然玉米就老了！”这天是 2017 年 8 月 16 日。

听到哥哥关心的提示，我心中猛生愧疚。我一个暑假在外旅游，回到学校我带的九年级就开课了，其间连个电话都没给哥哥打，可是哥哥还没忘记妹妹爱吃玉米。“哥哥，等你不忙了，妹子也带你看看外面的世界！”我心里这样想，嘴里回答着：

“哦，哥，这周五或周六我回来掰。”

8 月 18 日是周六，我一早坐火车回家，到了县城，想给在此做工的哥哥打个电话，可想到他拉楼板接电话有安全隐患，就没打。回到家，我吃到哥哥种的香甜的玉米，体味着浓浓的家的味道。哥哥一直在辛苦地劳作着。

8月19日，我带着哥哥种的玉米回家，因时间紧未与哥哥谋面。

没想到，一而再再而三的不巧，竟然成了我终身的遗憾，哥哥取玉米的提醒竟然成了他最后留给我的回忆。8月25日我又回到家，家里已停放着哥哥的灵柩。

我不相信，不相信，不相信……我心里一千次一万次地喊着。我进了哥哥住过的窑洞，里面有锅灶，能做饭。每次我们回家，只要哥哥在，总是他在灶前忙碌，准备让全家人都赞不绝口的美食。可是今天，我的哥哥呢？我又坐在了我们多少次一起吃饭的饭桌前，亲人都在，唯一不见我的哥哥……

我不相信，不相信……

我跑到小时候和哥哥一起住过的土窑洞，一进门就喊“哥哥，你在哪里？”然而，只能听到自己的回音。我终于控制不住撕心裂肺地哭起来……

我模糊着视线寻找，因为我亲爱的哥哥不会就这样丢下亲人离开，再说，他还没有享受美好的生活呢，我也还没带他到外面的世界去看看呢……

哥哥去世已有一百三十五天，可我对哥哥的思念没有减少分毫！

习作五

每个人都有自己最开心、最快乐的时候，请以《我最开心的那一天》为题，写一篇作文。

下水文

我最开心的那一天

那天，我和父亲一口气骑自行车走了二十多公里的路程，我竟没感觉到累，因为那是我最开心的一天。

“不经一番寒彻骨，怎得梅花扑鼻香。”

七八十年代，我国正处在贫困时期，缺吃少穿。所以，读书成了人们摆脱贫穷的唯一出路。有的家庭全家省吃俭用就为供出一个读书人出人头地，那才叫荣耀。

我那时正上初中，每天除了上学，还得照顾妹妹弟弟，要给一家人做饭——因为父母要下地劳动。经常是晚饭做好了，也到了上晚自习时间，于是自己就饿着肚子去学校，下了晚自习才回家吃饭。因为孩子多，家庭负担重，哥哥没好好读书就当兵去了。所以，我自然成了改变家庭命运的希望。

我深知自己身上的重任，但当时理解不了中国人为何要学英语——又不是所有人都能出国。也许就是因为这种思想的排斥，我当时怎么都学不好英语。所以，每次中考预考，我都因此落榜。好在那时候能补习，于是我就接二连三的补习。每次老师们都说“没问题”，可每次就差几分。父亲一直少言寡语，因我的落榜，父亲更是少言，便把我带到山里去劳动。我自然也无语，六月的大中午，火红的太阳烘烤着干旱得快要叫唤的草和谷苗。父女俩干一天活也无语。母亲那会多病，听到我又落榜，她的病更重了，让我更是惭愧。看着父母的艰辛、弟弟妹妹的幼弱、家庭生活的拮据，我不知问过自己多少次：父母养你难道就要你这样白吃白喝？

其间，也看见好多的农村妇女，就好似看到了自己的未来，也好似看到父母一生的艰辛。

于是，在夜深人静时，我不甘心地趴在煤油灯下苦读，瞌睡了，就低头打一会盹，但因为心中的读书动力，不多时又自觉醒来，如此循环，直到天亮。

新学期开学了，我又带上父母的期望走进了学校。我决定住校，为的是有多一些时间学习。谁知道，一个宿舍住两炕，一炕睡十多个学生，晚上睡觉翻身几乎要齐喊“一二”，一夜睡得腰酸背痛，但这样，夏末还有睡觉的机会，眼看天气转冷，宿舍里却还没生火，睡在那土炕上是又挤又冷。马上冬天了，学校终于通知各宿舍去领碳，可把我们高兴坏了，一群包公脸搬回一堆碳，兴奋地当天就把火生起来了。可不生火仅仅是冻，一生火是又冻又熏，把我们熏得一夜睡不着，门、窗全得开着。试想，一个不生火脸盆里的水都能冻成冰的窑洞，连门都大开的，啥感觉？于是，同学们晚上都不睡了，干脆到教室复习——教室起码门和窗能闭上。

就这样煎熬着，心里常和苦难打赌，我就不信你能把我吓倒。

终于又熬到考试，我带着全家人的希望再次走进考场……出榜那天，我终于在榜上看到了熟悉的两个字。此时，我完全理解了范进中举后的“疯”！

8月开学那天，父亲和我一口气骑了二十公里的自行车，但我看着父亲兴奋的微笑（父亲是很少笑的），丝毫没感觉到累，反而浑身是劲，兴奋地踏进向往已久的师范学校。

所以说踏进师范学校的那一天，是我最开心的一天！

习作六

请以《那一次，我很内疚》为题，写一篇作文。

下水文

那一次，我很内疚

“我们去玩吧！”

去年的一个星期天，一个同学见了我，往左右看了一下，见没人，就神秘地笑着约我出去玩。我心中一喜，去哪玩呢？一开始以为就是在校园内玩玩，可后来才知道，他是约我去网吧。我的自控能力本来就差，经他这么一诱惑，心里像猫抓一样，就爽快地去了。

这是我第一次去网吧，好兴奋！当我们进了网吧，我的心跳在一瞬间加快了。我没带钱，他就给我付了钱……不知不觉半小时就过去了，我们不玩了，回家！我不由得加快脚步——因为，我从来没有不打招呼就出去这么久，爸爸妈妈肯定等急了，那时真想捧把冷水，让脸不那么红……

走了十几分钟，我的心跳速度是一点也没减，脸上的红一点也没降下去。我多么希望妈妈不要发现。

快走到家门口时，我连大气都不敢出了。

那时，我非常紧张，心乱如麻，连腿脚都不听使唤了。我能听到自己咚咚的心跳声。但是，无论如何我得回家呀！我硬着头皮进了家门，看到妈妈严肃的表情，心跳又加快了。

“去哪里了？”妈妈阴着脸问。

我吓得魂都飞了，心想妈妈应该不知道的，所以我就装着说：“就在中学玩玩。”我不知道眼睛往哪看才能逃过妈妈犀利的目光。原来不知道谁的嘴太长了，给妈妈说了我去网吧的事。妈妈早把情况打听清楚了。

我真是后悔。可是，此时面对妈妈的责问，我连一句话也说不出来，呆呆地站在那里……真希望妈妈重重打我几下，出出气也好。

过了几分钟，妈妈见我一句话也不说，只是更加生气，眼泪涌了出来……

此时，我也流下了悔恨的泪水，心里责备自己：怎么这么糊涂？妈妈的泪水流在我的心里，深深地触动了我，我真想对妈妈说：我对不起您。可当时怎么也说不出口……

我也知道上网对青少年的危害是非常大的。所以，我痛下决心，从此一定要改掉这个坏毛病——就因为妈妈的泪水洗醒了我，让我慢慢变成一个有自控力的人。

我真是太内疚了，太对不起妈妈了！改正，改正，一定改正，为妈妈争光，给她脸上添一份阳光，更为实现自己的理想。

附　录

FULU

义务教育语文课程标准（节选）

（2011年版）

中华人民共和国教育部制定

第一部分　前　言

语言文字是人类最重要的交际工具和信息载体，是人类文化的重要组成部分。语言文字的运用，包括生活、工作和学习中的听说读写活动以及文学活动，存在于人类生活的各个领域。当今世界，经济全球化趋势日渐增强，现代科学和信息技术迅猛发展，新的交流媒介不断出现，给社会语言生活带来巨大变化，对中华民族优秀传统文化的继承，对语言文字运用的规范都带来新的挑战。时代的进步要求人们具有开阔的视野、开放的心态、创新的思维，对人们的语言文字运用能力和文化选择能力提出了更高的要求，也给语文教育的发展提出了新的课题。

语文课程致力于培养学生的语言文字运用能力，提升学生的综合素养，为学好其他课程打下基础；为学生形成正确的世界观、人生观、价值观，形成良好个性和健全人格打下基础；为学生的全面发展和终身发展打下基础。语文课程对继承和弘扬中华民族优秀文化传统和革命传统，增强民族文化认同感，增强民族凝聚力和创造力，具有不可替代的优势。语文课程的多重功能和奠基作用，决定了它在九年义务教育中的重要地位。

一、课程性质

语文课程是一门学习语言文字运用的综合性、实践性课程。义务教育阶段的语文课程，应使学生初步学会运用祖国语言文字进行交流沟通，吸收古今中外优秀文化，提高思想文化修养，促进自身精神成长。工具性与人文性的统一，是语文课程的基本特点。

二、课程基本理念

（一）全面提高学生的语文素养

九年义务教育阶段的语文课程，必须面向全体学生，使学生获得基本的语文素养。

语文课程应激发和培育学生热爱祖国语文的思想感情，引导学生丰富语言积累，培养语感，发展思维，初步掌握学习语文的基本方法，养成良好的学习习惯，具有适应实际生活需要的识字写字能力、阅读能力、写作能力、口语交际能力，正确运用祖国语言文字。语文课程还应通过优秀文化的熏陶感染，促进学生和谐发展，使他们提高思想道德修养和审美情趣，逐步形成良好的个性和健全的人格。

（二）正确把握语文教育的特点

语文课程丰富的人文内涵对学生精神世界的影响是广泛而深刻的，学生对语文材料的感受和理解又往往是多元的。因此，应该重视语文课程对学生思想情感所起的熏陶感染作用，注意课程内容的价值取向，要继承和发扬中华优秀文化传统和革命传统，体现社会主义核心价值体系的引领作用，突出中国特色社会主义共同理想，弘扬以爱国主义为核心的民族精神和以改革创新为核心的时代精神，树立社会主义荣辱观，培养良好思想道德风尚，同时也要尊重学生在语文学习过程中的独特体验。

语文课程是实践性课程，应着重培养学生的语文实践能力，而培养这种能力的主要途径也应是语文实践。语文课程是学生学习运用祖国语言文字的课程，学习资源和实践机会无处不在，无时不有。因而，应该让学生多读多写，日积月累，在大量的语文实践中体会、把握运用语文的规律。

语文课程应特别关注汉语言文字的特点对学生识字写字、阅读、写作、口语交际和思维发展等方面的影响，在教学中尤其要重视培养良好的语感和整体把握的能力。

（三）积极倡导自主、合作、探究的学习方式

学生是学习的主体。语文课程必须根据学生身心发展和语文学习的特点，爱护学生的好奇心、求知欲，鼓励自主阅读、自由表达，充分激发他们的问题意识和进取精神，关注个体差异和不同的学习需求，积极倡导自主、合作、探究的学习方式。教学内容的确定，教学方法的选择，评价方式的设计，都应有助于这种学习方式的形成。

语文学习应注重听说读写的相互联系，注重语文与生活的结合，注重知识与能力、过程与方法、情感态度与价值观的整体发展。综合性学习既符合语文教育的传统，又具有现代社会的学习特征，有利于学生在感兴趣的自主活动中全面提高语文素养，有利于培养学生主动探究、团结合作、勇于创新的精神，应该积极提倡。

（四）努力建设开放而有活力的语文课程

语文课程的建设应继承我国语文教育的优良传统，注重读书、积累和感悟，注重整体把握和熏陶感染；同时应密切关注现代社会发展的需要。拓宽语文学习和运用的领域，注重跨学科的学习和现代科技手段的运用，使学生在不同内容和方法的相互交叉、渗透和整合中开阔视野，提高学习效率，初步养成现代社会所需要的语文素养。

语文课程应该是开放而富有创新活力的。要尽可能满足不同地区、不同学校、不同学生的需求，确立适应时代需要的课程目标，开发与之相适应的课程资源，形成相对稳定而又灵活的实施机制，不断地自我调节、更新发展。

三、课程设计思路

1. 九年义务教育语文课程，应以邓小平理论和“三个代表”重要思想为指导，深入贯彻落实科学发展观，坚持以人为本，继承我国语文教育的优良传统，汲取当代语文教育科学理论的精髓，借鉴国外母语教育改革的经验，遵循语文教育的规律，努力提高学生的语文素养，为弘扬民族精神、增强民族创造力和凝聚力、培养德智体美全面发展的社会主义建设者和接班人，发

挥积极的作用，为学生的终身发展奠定基础。

2. 语文课程应注重引导学生多读书、多积累，重视语言文字运用的实践，在实践中领悟文化内涵和语文应用规律。

3. 课程目标九年一贯整体设计。课程标准在“总目标”之下，按 1 ~ 2 年级、3 ~ 4 年级、5 ~ 6 年级、7 ~ 9 年级四个学段，分别提出“学段目标与内容”，体现语文课程的整体性和阶段性。各个学段相互联系，螺旋上升，最终全面达成总目标。

4. 学段目标与内容从“识字与写字”、“阅读”、“写作”（第一学段为“写话”，第二、第三学段为“习作”）、“口语交际”四个方面提出要求。课程标准还提出了“综合性学习”的要求，以加强语文课程内部诸多方面的联系，加强与其他课程以及与生活的联系，促进学生语文素养全面协调地发展。

5. 课程标准的“实施建议”部分，对教学、评价、教材编写，以及课程资源的开发与利用等提出了实施的原则、方法和策略，也为具体实施留有创造的空间。

第二部分　课程目标与内容

一、总体目标与内容

课程目标从知识与能力、过程与方法、情感态度与价值观三个方面设计。三者相互渗透，融为一体。目标的设计着眼于语文素养的整体提高。

1. 在语文学习过程中，培养爱国主义、集体主义、社会主义思想道德和健康的审美情趣，发展个性，培养创新精神和合作精神，逐步形成积极的人生态度和正确的世界观、价值观。

2. 认识中华文化的丰厚博大，汲取民族文化智慧。关心当代文化生活，尊重多样文化，吸收人类优秀文化的营养，提高文化品位。

3. 培育热爱祖国语言文字的情感，增强学习语文的自信心，养成良好的语文学习习惯，初步掌握学习语文的基本方法。

4. 在发展语言能力的同时，发展思维能力，学习科学的思想方法，逐步养成实事求是、崇尚真知的科学态度。

5. 能主动进行探究性学习，激发想象力和创造潜能，在实践中学习和运用语文。

6. 学会汉语拼音。能说普通话。认识3500个左右常用汉字。能正确工整地书写汉字，并有一定的速度。

7. 具有独立阅读的能力，学会运用多种阅读方法。有较为丰富的积累和良好的语感，注重情感体验，发展感受和理解的能力。能阅读日常的书报杂志，能初步鉴赏文学作品，丰富自己的精神世界。能借助工具书阅读浅易文言文。背诵优秀诗文240篇（段）。九年课外阅读总量应在400万字以上。

8. 能具体明确、文从字顺地表达自己的见闻、体验和想法。能根据需要，运用常见的表达方式写作，发展书面语言运用能力。

9. 具有日常口语交际的基本能力，学会倾听、表达与交流，初步学会运用口头语言文明地进行人际沟通和社会交往。

10. 学会使用常用的语文工具书。初步具备搜集和处理信息的能力，积极尝试运用新技术和多种媒体学习语文。

二、学段目标与内容

第一学段（1～2年级）

（一）识字与写字

1. 喜欢学习汉字，有主动识字、写字的愿望。

2. 认识常用汉字1600个左右，其中800个左右会写。

3. 掌握汉字的基本笔画和常用的偏旁部首，能按笔顺规则用硬笔写字，注意间架结构。初步感受汉字的形体美。

4. 努力养成良好的写字习惯，写字姿势正确，书写规范、端正、整洁。

5. 学会汉语拼音。能读准声母、韵母、声调和整体认读音节。能准确地拼读音节，正确书写声母、韵母和音节。认识大写字母，熟记《汉语拼音字母表》。

6. 学习独立识字。能借助汉语拼音认读汉字，学会用音序检字法和部首检字法查字典。

（二）阅读

1. 喜欢阅读，感受阅读的乐趣。养成爱护图书的习惯。

2. 学习用普通话正确、流利、有感情地朗读课文。学习默读。

3. 结合上下文和生活实际了解课文中词句的意思，在阅读中积累词语。借助读物中的图画阅读。

4. 阅读浅近的童话、寓言、故事，向往美好的情境，关心自然和生命，对感兴趣的人物和事件有自己的感受和想法，并乐于与人交流。

5. 诵读儿歌、儿童诗和浅近的古诗，展开想象，获得初步的情感体验，感受语言的优美。

6. 认识课文中出现的常用标点符号。在阅读中体会句号、问号、感叹号所表达的不同语气。

7. 积累自己喜欢的成语和格言警句。背诵优秀诗文 50 篇（段）。课外阅读总量不少于 5 万字。

（三）写话

1. 对写话有兴趣，留心周围事物，写自己想说的话，写想象中的事物。

2. 在写话中乐于运用阅读和生活中学到的词语。

3. 根据表达的需要，学习使用逗号、句号、问号、感叹号。

（四）口语交际

1. 学说普通话，逐步养成讲普通话的习惯。

2. 能认真听别人讲话，努力了解讲话的主要内容。

3. 听故事、看音像作品，能复述大意和自己感兴趣的情节。

4. 能较完整地讲述小故事，能简要讲述自己感兴趣的见闻。

5. 与别人交谈，态度自然大方，有礼貌。

6. 有表达的自信心。积极参加讨论，敢于发表自己的意见。

（五）综合性学习

1. 对周围事物有好奇心，能就感兴趣的内容提出问题，结合课内外阅读共同讨论。

2. 结合语文学习，观察大自然，用口头或图文等方式表达自己的观察所得。

3. 热心参加校园、社区活动。结合活动，用口头或图文等方式表达自己的见闻和想法。

第二学段（3 ~ 4年级）

（一）识字与写字

1. 对学习汉字有浓厚的兴趣，养成主动识字的习惯。

2. 累计认识常用汉字2500个左右，其中1600个左右会写。

3. 有初步的独立识字能力。会运用音序检字法和部首检字法查字典、词典。

4. 能使用硬笔熟练地书写正楷字，做到规范、端正、整洁。用毛笔临摹正楷字帖。

5. 写字姿势正确，有良好的书写习惯。

（二）阅读

1. 用普通话正确、流利、有感情地朗读课文。

2. 初步学会默读，做到不出声，不指读。学习略读，粗知文章大意。

3. 能联系上下文，理解词句的意思，体会课文中关键词句表达情意的作用。能借助字典、词典和生活积累，理解生词的意义。

4. 能初步把握文章的主要内容，体会文章表达的思想感情。能对课文中不理解的地方提出疑问。

5. 能复述叙事性作品的大意，初步感受作品中生动的形象和优美的语言，关心作品中人物的命运和喜怒哀乐，与他人交流自己的阅读感受。

6. 诵读优秀诗文，注意在诵读过程中体验情感，展开想象，领悟诗文大意。

7. 在理解语句的过程中，体会句号与逗号的不同用法，了解冒号、引号的一般用法。

8. 积累课文中的优美词语、精彩句段，以及在课外阅读和生活中获得的语言材料。背诵优秀诗文50篇（段）。

9. 养成读书看报的习惯，收藏图书资料，乐于与同学交流。课外阅读总量不少于40万字。

（三）习作

1. 乐于书面表达，增强习作的自信心。愿意与他人分享习作的快乐。

2. 观察周围世界，能不拘形式地写下自己的见闻、感受和想象，注意把自己觉得新奇有趣或印象最深、最受感动的内容写清楚。

3. 能用简短的书信、便条进行交流。

4. 尝试在习作中运用自己平时积累的语言材料，特别是有新鲜感的词句。

5. 学习修改习作中有明显错误的词句。根据表达的需要，正确使用冒号、引号等标点符号。

6. 课内习作每学年 16 次左右。

（四）口语交际

1. 能用普通话交谈。学会认真倾听，能就不理解的地方向人请教，就不同的意见与人商讨。

2. 听人说话能把握主要内容，并能简要转述。

3. 能清楚明白地讲述见闻，说出自己的感受和想法。讲述故事力求具体生动。

（五）综合性学习

1. 能提出学习和生活中的问题，有目的地搜集资料，共同讨论。

2. 结合语文学习，观察大自然，观察社会，用书面或口头方式表达自己的观察所得。

3. 能在教师的指导下组织有趣味的语文活动，在活动中学习语文，学会合作。

4. 在家庭生活、学校生活中，尝试运用语文知识和能力解决简单问题。

第三学段（5 ~ 6 年级）

（一）识字与写字

1. 有较强的独立识字能力。累计认识常用汉字 3000 个左右，其中 2500 个左右会写。

2. 硬笔书写楷书，行款整齐，力求美观，有一定的速度。

3. 能用毛笔书写楷书，在书写中体会汉字的优美。

4. 写字姿势正确，有良好的书写习惯。

（二）阅读

1. 能用普通话正确、流利、有感情地朗读课文。

2. 默读有一定的速度，默读一般读物每分钟不少于 300 字。学习浏览，扩大知识面，根据需要搜集信息。

3. 能联系上下文和自己的积累，推想课文中有关词句的意思，辨别词语的感情色彩，体会其表达效果。

4. 在阅读中了解文章的表达顺序，体会作者的思想感情，初步领悟文章的基本表达方法。在交流和讨论中，敢于提出看法，作出自己的判断。

5. 阅读叙事性作品，了解事件梗概，能简单描述自己印象最深的场景、人物、细节，说出自己的喜爱、憎恶、崇敬、向往、同情等感受。阅读诗歌，大体把握诗意，想象诗歌描述的情境，体会作品的情感。受到优秀作品的感染和激励，向往和追求美好的理想。阅读说明性文章，能抓住要点，了解文章的基本说明方法。阅读简单的非连续性文本，能从图文等组合材料中找出有价值的信息。

6. 在理解课文的过程中，体会顿号与逗号、分号与句号的不同用法。

7. 诵读优秀诗文，注意通过语调、韵律、节奏等体味作品的内容和情感。背诵优秀诗文 60 篇（段）。

8. 扩展阅读面。课外阅读总量不少于 100 万字。

（三）习作

1. 懂得写作是为了自我表达和与人交流。

2. 养成留心观察周围事物的习惯，有意识地丰富自己的见闻，珍视个人的独特感受，积累习作素材。

3. 能写简单的记实作文和想象作文，内容具体，感情真实。能根据内容表达的需要，分段表述。学写读书笔记，学写常见应用文。

4. 修改自己的习作，并主动与他人交换修改，做到语句通顺，行款正确，书写规范、整洁。根据表达需要，正确使用常用的标点符号。

5. 习作要有一定速度。课内习作每学年 16 次左右。

（四）口语交际

1. 与人交流能尊重和理解对方。

2. 乐于参与讨论，敢于发表自己的意见。

3. 听人说话认真、耐心，能抓住要点，并能简要转述。

4. 表达有条理，语气、语调适当。

5. 能根据对象和场合，稍作准备，作简单的发言。

6. 注意语言美，抵制不文明的语言。

（五）综合性学习

1. 为解决与学习和生活相关的问题，利用图书馆、网络等信息渠道获取资料，尝试写简单的研究报告。

2. 策划简单的校园活动和社会活动，对所策划的主题进行讨论和分析，学写活动计划和活动总结。

3. 对自己身边的、大家共同关注的问题，或电视、电影中的故事和形象，组织讨论、专题演讲，学习辨别是非、善恶、美丑。

4. 初步了解查找资料、运用资料的基本方法。

第四学段（7 ~ 9 年级）

（一）识字与写字

1. 能熟练地使用字典、词典独立识字，会用多种检字方法。累计认识常用汉字 3500 个左右。

2. 在使用硬笔熟练地书写正楷字的基础上，学写规范、通行的行楷字，提高书写的速度。

3. 临摹名家书法，体会书法的审美价值。

4. 写字姿势正确，有良好的书写习惯。

（二）阅读

1. 能用普通话正确、流利、有感情地朗读。

2. 养成默读习惯，有一定的速度，阅读一般的现代文，每分钟不少于 500 字。能较熟练地运用略读和浏览的方法，扩大阅读范围。

3. 在通读课文的基础上，理清思路，理解、分析主要内容，体味和推敲重要词句在语言环境中的意义和作用。

4. 对课文的内容和表达有自己的心得，能提出自己的看法，并能运用合作的方式，共同探讨、分析、解决疑难问题。

5. 在阅读中了解叙述、描写、说明、议论、抒情等表达方式。

6. 能够区分写实作品与虚构作品，了解诗歌、散文、小说、戏剧等文学样式。

7. 欣赏文学作品，有自己的情感体验，初步领悟作品的内涵，从中获得对自然、社会、人生的有益启示。对作品中感人的情境和形象，能说出自己的体验；品味作品中富于表现力的语言。

8. 阅读简单的议论文，区分观点与材料（道理、事实、数据、图表等），发现观点与材料之间的联系，并通过自己的思考，作出判断。阅读新闻和说明性文章，能把握文章的基本观点，获取主要信息。阅读科技作品，还应注意领会作品中所体现的科学精神和科学思想方法。阅读由多种材料组合、较为复杂的非连续性文本，能领会文本的意思，得出有意义的结论。

9. 诵读古代诗词，阅读浅易文言文，能借助注释和工具书理解基本内容。注重积累、感悟和运用，提高自己的欣赏品位。

10. 随文学习基本的词汇、语法知识，用来帮助理解课文中的语言难点；了解常用的修辞方法，体会它们在课文中的表达效果。了解课文涉及的重要作家作品知识和文化常识。

11. 能利用图书馆、网络搜集自己需要的信息和资料，帮助阅读。

12. 学会制订自己的阅读计划，广泛阅读各种类型的读物，课外阅读总量不少于 260 万字，每学年阅读两三部名著。背诵优秀诗文 80 篇（段）。

（三）写作

1. 写作要有真情实感，力求表达自己对自然、社会、人生的感受、体验和思考。

2. 多角度观察生活，发现生活的丰富多彩，能抓住事物的特征，有自己的感受和认识，表达力求有创意。

3. 注重写作过程中搜集素材、构思立意、列纲起草、修改加工等环节，提高独立写作的能力。

4. 写作时考虑不同的目的和对象。根据表达的需要，围绕表达中心，选择恰当的表达方式。合理安排内容的先后和详略，条理清楚地表达自己的意思。运用联想和想象，丰富表达的内容。正确使用常用的标点符号。

5. 写记叙性文章，表达意图明确，内容具体充实；写简单的说明性文章，做到明白清楚；写简单的议论性文章，做到观点明确，有理有据；根据生活需要，写常见应用文。

6. 能从文章中提取主要信息，进行缩写；能根据文章的基本内容和自己的合理想象，进行扩写；能变换文章的文体或表达方式等，进行改写。

7. 根据表达的需要，借助语感和语文常识，修改自己的作文，做到文从字顺。能与他人交流写作心得，互相评改作文，以分享感受，沟通见解。

8. 作文每学年一般不少于 14 次，其他练笔不少于 1 万字，45 分钟能完成不少于 500 字的习作。

（四）口语交际

1. 注意对象和场合，学习文明得体地交流。

2. 耐心专注地倾听，能根据对方的话语、表情、手势等，理解对方的观点和意图。

3. 自信、负责地表达自己的观点，做到清楚、连贯、不偏离话题。

4. 注意表情和语气，根据需要调整自己的表达内容和方式，不断提高应对能力，增强感染力和说服力。

5. 讲述见闻，内容具体、语言生动。复述转述，完整准确、突出要点。能就适当的话题作即席讲话和有准备的主题演讲，有自己的观点，有一定说服力。

6. 讨论问题，能积极发表自己的看法，有中心、有根据、有条理。能听出讨论的焦点，并能有针对性地发表意见。

（五）综合性学习

1. 自主组织文学活动，在办刊、演出、讨论等活动过程中，体验合作与成功的喜悦。

2. 能提出学习和生活中感兴趣的问题，共同讨论，选出研究主题，制订简单的研究计划。能从书刊或其他媒体中获取有关资料，讨论分析问题，独立或合作写出简单的研究报告。

3. 关心学校、本地区和国内外大事，就共同关注的热点问题，搜集资料，调查访问，相互讨论，能用文字、图表、图画、照片等展示学习成果。

4. 掌握查找资料、引用资料的基本方法，分清原始资料与间接资料的主要差别，学会注明所援引资料的出处。

第三部分 实施建议

一、教学建议

（一）充分发挥师生双方在教学中的主动性和创造性

学生是语文学习的主体，教师是学习活动的组织者和引导者。语文教学应在师生平等对话的过程中进行。

语文教学应激发学生的学习兴趣，培养学生自主学习的意识和习惯，引导学生掌握语文学习的方法，为学生创设有利于自主、合作、探究学习的环境。应尊重学生的个体差异，鼓励学生选择适合自己的学习方式。

教师应确立适应社会发展和学生需求的语文教育观念，注重吸收新知识，不断提高自身的综合素养。应认真钻研教材，正确理解、把握教材内容，创造性地使用教材；积极开发、合理利用课程资源，灵活运用多种教学策略和现代教育技术，努力探索网络环境下新的教学方式；精心设计和组织教学活动，重视启发式、讨论式教学，启迪学生智慧，提高语文教学质量。

（二）教学中努力体现语文的实践性和综合性

教师应努力改进课堂教学，整体考虑知识与能力、过程与方法、情感态度与价值观的综合，注重听说读写之间的有机联系，加强教学内容的整合，统筹安排教学活动，促进学生语文素养的整体提高。

重视学生读书、写作、口语交际、搜集处理信息等语文实践，提倡多读多写，改变机械、粗糙、繁琐的作业方式，让学生在语文实践中学习语文，学会学习。善于通过专题学习等方式，沟通课堂内外，沟通听说读写，增加学生语文实践的机会。充分利用学校、家庭和社区等教育资源，开展综合性学习活动，拓宽学生的学习空间。

（三）重视情感、态度、价值观的正确导向

培养学生正确的思想观念、科学的思维方式、高尚的道德情操、健康的审美情趣和积极的人生态度，是与帮助他们掌握学习方法、提高语文能力的过程融为一体的，不应该当做外在的附加任务。应该根据语文学科的特点，注重熏陶感染，潜移默化，把这些内容渗透于日常的教学过程之中。

（四）重视培养学生的创新精神和实践能力

语文教学要注重语言的积累、感悟和运用，注重基本技能训练，让学生打好扎实的语文基础。尤其要注重激发学生的好奇心、求知欲，发展学生的思维，培养想象力，开发创造潜能，提高学生发现、分析和解决问题的能力，提高语文综合应用能力。

（五）具体建议

学生生理、心理以及语言能力的发展具有阶段性特征，不同内容的教学也有各自的规律，应该根据不同学段学生的特点和不同的教学内容，采取合适的教学策略。

1. 关于识字、写字与汉语拼音教学

识字、写字是阅读和写作的基础，是第一学段的教学重点，也是贯穿整个义务教育阶段的重要教学内容。

低年级阶段学生“会认”与“会写”的字量要求有所不同。在教学过程中要“多认少写”，要求学生会认的字不一定同时要求会写。本标准附有“识字、写字教学基本字表”，建议先认先写“字表”中的300个字，逐步发展识字写字能力。

识字教学要注意儿童特点，将学生熟识的语言因素作为主要材料，结合学生的生活经验，引导他们利用各种机会主动识字，力求识用结合。

要运用多种识字教学方法和形象直观的教学手段，创设丰富多彩的教学情境，提高识字教学效率。

按照规范要求认真写好汉字是教学的基本要求，练字的过程也是学生性情、态度、审美趣味养成的过程。每个学段都要指导学生写好汉字。要求学生写字姿势正确，指导学生掌握基本的书写技能，养成良好的书写习惯，提高书写质量。第一、第二、第三学段，要在每天的语文课中安排10分钟，在教师指导下随堂练习，做到天天练。要在日常书写中增强练字意识，讲究练字效果。

汉语拼音教学要尽可能有趣味性，宜多采用活动和游戏的形式，应与学说普通话、识字教学相结合，注意汉语拼音在现实语言生活中的运用。

2. 关于阅读教学

阅读是运用语言文字获取信息、认识世界、发展思维、获得审美体验的重要途径。阅读教学是学生、教师、教科书编者、文本之间对话的过程。

阅读是学生的个性化行为。阅读教学应引导学生钻研文本，在主动积极的思维和情感活动中，加深理解和体验，有所感悟和思考，受到情感熏陶，获得思想启迪，享受审美乐趣。要珍视学生独特的感受、体验和理解。教师应加强对学生阅读的指导、引领和点拨，但不应以教师的分析来代替学生的阅读实践，不应以模式化的解读来代替学生的体验和思考；要善于通过合作学习解决阅读中的问题，但也要防止用集体讨论来代替个人阅读。

阅读教学应注重培养学生感受、理解、欣赏和评价的能力。这种综合能力的培养，各学段可以有所侧重，但不应把它们机械地割裂开来。

在理解课文的基础上，提倡多角度、有创意的阅读，利用阅读期待、阅读反思和批判等环节，拓展思维空间，提高阅读质量。但要防止逐字逐句的过深分析和远离文本的过度发挥。

各个学段的阅读教学都要重视朗读和默读。各学段关于朗读的目标中都要求“有感情地朗读”，这是指，要让学生在朗读中通过品味语言，体会作者及作品中的情感态度，学习用恰当的语气语调朗读，表现自己对作者及其作品情感态度的理解。朗读要提倡自然，要摒弃矫情做作的腔调。

应加强对阅读方法的指导，让学生逐步学会精读、略读和浏览。有些诗文应要求学生诵读，以利于丰富积累、增强体验，培养语感。

在阅读教学中，为了帮助理解课文，可以引导学生随文学习必要的语文知识，但不能脱离语文运用的实际去进行“系统”的讲授和操练，更不应要求学生死记硬背概念、定义。

要重视培养学生广泛的阅读兴趣，扩大阅读面，增加阅读量，提高阅读品位。提倡少做题，多读书，好读书，读好书，读整本的书。关注学生通过多种媒介的阅读，鼓励学生自主选择优秀的阅读材料。加强对课外阅读的指导，开展各种课外阅读活动，创造展示与交流的机会，营造人人爱读书的良好氛围。

3. 关于写作教学

写作是运用语言文字进行表达和交流的重要方式，是认识世界、认识自我、创造性表述的过程。写作能力是语文素养的综合体现。写作教学应贴近学生实际，让学生易于动笔，乐于表达，应引导学生关注现实，热爱生活，积极向上，表达真情实感。

关于“写作”的目标，第一学段定位于“写话”，第二学段开始“习作”，这是为了降低学生写作起始阶段的难度，重在培养学生的写作兴趣和自信心。

在写作教学中，应注重培养学生观察、思考、表达和创造的能力。要求学生说真话、实话、心里话，不说假话、空话、套话，并且抵制抄袭行为。

为学生的自主写作提供有利条件和广阔空间，减少对学生写作的束缚，鼓励自由表达和有创意的表达。鼓励写想象中的事物，加强平时练笔指导，改进作文命题方式，提倡学生自主选题。

写作教学应抓住取材、构思、起草、加工等环节，指导学生在写作实践中学会写作。重视引导学生在自我修改和相互修改的过程中提高写作能力。

要重视写作教学与阅读教学、口语交际教学之间的联系，善于将读与写、说与写有机结合，相互促进。要关注作文的书写质量，要使学生把作文的书写也当作练字的过程。

积极合理利用信息技术与网络的优势，丰富写作形式，激发写作兴趣，增加学生创造性表达、展示交流与互相评改的机会。

4. 关于口语交际教学

口语交际能力是现代公民的必备能力。应培养学生倾听、表达和应对的能力，使学生具有文明和谐地进行人际交流的素养。

口语交际是听与说双方的互动过程。教学活动主要应在具体的交际情境中进行，不宜采用大量讲授口语交际原则、要领的方式。应努力选择贴近生活的话题，采用灵活的形式组织教学。

重视在语文课堂教学中培养口语交际的能力，鼓励学生在各科教学活动以及日常生活中锻炼口语交际能力。

5. 关于综合性学习

综合性学习主要体现为语文知识的综合运用、听说读写能力的整体发展、语文课程与其他课程的沟通、书本学习与生活实践的紧密结合。

综合性学习应贴近现实生活。联系生活中的实际问题开展学习活动，在实现语文学习目标的同时，提高对自然、社会现象与问题的认识，追求积极、健康、和谐的生活方式，增强抵御风险和侵害的意识，增强在与自然、社会和他人互动中的应对能力。

综合性学习应突出学生的自主性，重视学生主动积极的参与精神，主要由学生自行设计和组织活动，特别注重探索和研究的过程，要加强教师在各环节中的指导作用。

综合性学习应强调合作精神，注意培养学生策划、组织、协调和实施的能力。

综合性学习的设计应开放、多元，提倡与其他课程相结合，开展跨领域学习。跨学科学习，也应以提高学生语文素养为目的。

积极构建网络环境下的学习平台，拓展学生学习和创造的空间，支持和丰富语文综合性学习。

6. 关于语法修辞知识

本标准“学段目标与内容”中涉及语音、文字、词汇、语法、修辞、文体、文学等丰富的知识内容。在教学中应根据语文运用的实际需要，从所遇到的具体语言实例出发进行指导和点拨。指导与点拨的目的是帮助学生更好地识字、写字、阅读与表达，形成一定的语言应用能力和良好的语感，而不在于对知识系统的记忆。因此，要避免脱离实际运用，围绕相关知识的概念、定义进行“系统、完整”的讲授与操练。

本标准通过所附的“语法修辞知识要点”对相关内容略加展开，大致规定教学中点拨的范围和难度；这一部分提到有关的名称，则便于教师在引导学生认识语言现象和问题时称说。关于语言结构和运用的规律，须让学生在具有比较丰富的语言积累和良好语感的基础上，在实际运用中逐步体味把握。

二、评价建议

语文课程评价的根本目的是为了促进学生学习，改善教师教学。语文课程评价应准确反映学生的学习水平和学习状况，全面落实语文课程目标。应充分发挥语文课程评价的多重功能，恰当运用多种评价方式，注重评价主体的多元与互动，突出语文课程评价的整体性和综合性。要根据不同年龄学生的学习特点，按照不同学段的课程目标，抓住关键，突出重点，采用合适方式，提高评价效率。语文课程评价应该改变过于重视甄别和选拔的状况，突出评价的诊断和发展功能。

（一）充分发挥语文课程评价的多种功能

语文课程评价具有检查、诊断、反馈、激励、甄别和选拔等多种功能，其目的是为了考察学生实现课程目标的程度，检验和改进学生的学习和教师的教学，改善课程设计，完善教学过程。应发挥语文课程评价的多种功能，尤其要注意发挥其诊断、反馈和激励的功能，有效地促进学生的发展。

（二）恰当运用多种评价方式

形成性评价关注学习过程，有利于及时揭示问题、及时反馈、及时改进教与学活动。终结性评价关注学习结果，有利于对教学活动作出总结性的结论。形成性评价和终结性评价都是必要的。应加强形成性评价，注意收集、积累能够反映学生语文学习与发展的资料，可采用成长记录袋等各种方式，记录学生的成长过程。对学生语文学习的日常表现，应以表扬、鼓励等积极的评价为主，采用激励性的评语，从正面加以引导。

要坚持定性评价和定量评价相结合，全面反映学生语文学习的状态及水平。评价方法除了纸笔测试以外，还有平时的行为观察与记录、问卷调查、面谈讨论等各种方法。语文学习具有重情感体验和感悟的特点，更应重视定性评价。学校和教师要对学生的成长记录和考试结果进行分析，评价结果的呈现方式除了等级或分数以外，还可用代表性的事实客观描述学生语文学习的进步，并提出建议。

各种评价方法都有其一定的适应性，在评价的客观性和深刻性上也各有差别，因此，评价设计要注重可行性和有效性，力戒繁琐，防止片面追求形式。

（三）注重评价主体的多元与互动

应注意将教师的评价、学生的自我评价及学生之间的相互评价相结合，加强学生的自我评价和相互评价，促进学生主动学习，自我反思。评价要理解和尊重学生的自我评价与相互评价。要尊重学生的个体差异，有利于每个学生的健康发展。

根据需要，可让学生家长、社区、专业人员等适当参与评价活动，争取社会对学生语文学习的更多关注和支持。

（四）突出语文课程评价的整体性和综合性

语文课程评价要体现语文课程目标的整体性和综合性，全面考察学生的语文素养。应注意识字与写字、阅读、写作、口语交际和综合性学习五个方面的有机联系，注意知识与能力、过程与方法、情感态度与价值观的交融、整合，避免只从知识、技能方面进行评价。

（五）具体建议

1. 关于识字与写字的评价

汉语拼音学习的评价，重在考察学生认读和拼读的能力，以及借助汉语拼音认读汉字、讲普通话、纠正地方音的情况。

识字的评价，要考察学生认清字形、读准字音、掌握汉字基本意义的情况，以及在具体语言环境中运用汉字的能力，借助字典、词典等工具书查检字词的能力。第一、第二学段应多关注学生主动识字的兴趣，第三、第四学段要重视考察学生独立识字的能力。

写字的评价，要考察学生对于要求“会写”的字的掌握情况，重视书写的正确、端正、整洁，在此基础上，逐步要求书写流利。第一学段要关注学生写好基本笔画、基本结构和基本字，第二、第三学段还要关注学生的毛笔书写，第四学段还要关注学生基本行楷字的书写和对名家书法作品的临摹。义务教育的各个学段的写字评价都要关注学生写字的姿势与习惯，引导学生提高书写质量。第三学段要求学生会写2500个字。对学生写字学习情况的评价，当以本标准附录 5 “义务教育语文课程常用字表 · 字表一”为依据。

评价要有利于激发学生识字、写字的兴趣，帮助学生养成写规范字的习惯，减少错别字。

2. 关于阅读的评价

阅读的评价，要综合考察学生阅读过程中的感受、体验和理解，要关注其阅读兴趣与价值取向、阅读方法与习惯，也要关注其阅读面和阅读量，以及选择阅读材料的能力。重视对学生多角度、有创意阅读的评价。语文知识的学习重在运用，其概念不作为考试内容。

能用普通话正确、流利、有感情地朗读课文，是朗读评价的总要求。根据阶段目标，各学段的要求可以有所侧重。评价学生的朗读，可从语音、语调和语气等方面进行综合考察，评价“有感情地朗读”，要以对内容的理解与把握为基础，要防止矫情做作。

诵读的评价，重在提高学生的诵读兴趣，增加积累，发展语感，加深体验和领悟。在不同学段，可在诵读材料的内容、范围、数量、篇幅、类型等方面逐渐增加难度。

默读的评价，应从学生默读的方法、速度、效果和习惯等方面进行综合考察。

精读的评价，重点评价学生对阅读材料的综合理解能力，要重视评价学生的情感体验和创造性的理解。第一学段可侧重考察对文章内容的初步感知和文中重要词句的理解、积累；第二学段侧重考察通过重要词句帮助理解文章，体会其表情达意的作用，以及对文章大意的把握；第三学段侧重考察对文章表达顺序和基本表达方法的了解领悟；第四学段侧重考察理清思路、概括要点、探究内容等方面的情况，以及读懂不同文体文章的能力。

略读的评价，重在考察学生能否把握阅读材料的大意。浏览的评价，重在考察学生能否从阅读材料中捕捉有用信息。

文学作品阅读的评价，着重考察学生感受形象、体验情感、品味语言的水平，对学生独特的感受和体验应加以鼓励。第一学段侧重考察学生能通过朗读和想象等手段，大体感受作品的情境、节奏和韵味；第二学段侧重考察在阅读全文基础上对重要段落和语句的细致阅读，具体感受作品的形象和语言；第三、第四学段，可通过考察学生对形象、情感、语言的领悟程度，以及自己的体验，来评价学生初步鉴赏文学作品的水平。

评价学生阅读古代诗词和浅易文言文，重点考察学生的记诵积累，考察他们能否凭借注释和工具书理解诗文大意。词法、句法等方面的概念不作为考试内容。

要重视学生课外阅读的评价。应根据各学段的要求，通过小组和班级交流、学习成果展示等方式，了解学生的阅读量和阅读面，进而考察其阅读的兴趣、习惯、品位、方法和能力。

3. 关于写作的评价

写作的评价，应按照不同学段的目标要求，综合考察学生写作水平的发展状况。第一学段主要评价学生的写话兴趣；第二学段是习作的起始阶段，要鼓励学生大胆习作；第三、第四学段要通过多种评价，促进学生具体明确、文从字顺地表达自己的见闻、体验和想法。对于作文的评价还须关注学生汉字书写的情况。

写作的评价，要重视学生的写作兴趣和习惯，鼓励表达真情实感，鼓励有创意的表达，引导学生热爱生活、亲近自然、关注社会。

写作材料准备过程的评价，不仅要具体考察学生占有材料的丰富性、真实性，也要考察他们获取材料的方法。要引导学生通过观察、调查、访谈、阅读等途径，运用多种方法搜集材料。

重视对作文修改的评价。要考察学生对作文内容、文字表达的修改，也要关注学生修改作文的态度、过程和方法。要引导学生通过自改和互改，取长补短，促进相互了解和合作，共同提高写作水平。

评价结果的呈现方式，根据实际需要，可以是书面的，可以是口头的；可以用等级表示，也可以用评语表示；还可以采用展示、交流等多种方式。

提倡学生在成长记录中收存有代表性的课内外作文和有价值的典型案例分析，以反映写作的实际情况和发展过程。

4. 关于口语交际的评价

口语交际的评价，须注重提高学生对口语交际的认识和表达沟通的水平。考察口语交际水平的基本项目可以有讲述、应对、复述、转述、即席讲话、主题演讲、问题讨论等。

口语交际的评价，应按照不同学段的要求，综合考察学生的参与意识、情意态度和表达能力。第一学段主要评价学生口语交际的态度与习惯，重在鼓励学生自信地表达；第二、第三学段主要评价学生日常口语交际的基本能力，学会倾听、表达与交流；第四学段要通过多种评价方式，促进学生根据不同的对象和内容，文明地进行人际沟通和社会交往。评价宜在具体的交际情境中进行，让学生承担有实际意义的交际任务，并结合学生在日常生活和学习活动中的表现，综合考察学生真实的口语交际水平。

5. 关于综合性学习的评价

综合性学习的评价，应着重考察学生的语文综合运用能力、探究精神与合作态度。主要着眼于学生在综合性学习过程中的表现，如能否积极参与活动，能否主动提出问题，还有搜集整理材料、综合运用语文知识探究问题、展示与交流学习成果等方面的情况。第一、第二学段要较多地关注学生参与语文学习活动的兴趣与态度。第三、第四学段要多关注学生在语文活动中提出问题、探究问题以及展示学习活动成果的能力。各个学段综合性学习的评价都要着眼于促进学生提高语文水平的效率，并有助于他们扩大视野，更好地掌握学习语文的方法。

评价要尊重和保护学生学习的自主性和积极性，鼓励学生运用多种方法，从不同的角度进行探究。要充分注意学生解决问题的思路和方法。对有新意的思路和表达以及有特点的展示方式，尤其要给予足够的重视。除了教师的评价之外，要多让学生开展自我评价和相互评价。

三、教材编写建议

1. 教材编写应依据课程标准，全面有序地安排教学内容，设计教学活动，并注意体现基础性和阶段性，关注各学段之间的衔接。

2. 教材应体现时代特点和现代意识，关注现实，关注人类，关注自然，理解和尊重多样文化，有助于学生树立正确的世界观、人生观、价值观。

3. 教材要注重继承与弘扬中华民族优秀文化和革命传统，有助于增强学生的民族自尊心和爱国主义感情。

4. 教材应符合学生的身心发展特点，适应学生的认知水平，密切联系学生的经验世界和想象世界，有助于激发学生的学习兴趣和创新精神。

5. 教材选文要文质兼美，具有典范性，富有文化内涵和时代气息，题材、体裁、风格丰富多样，各种类别配置适当，难易适度，适合学生学习。要重视开发高质量的新课文。

6. 教材应注意引导学生掌握语文学习的方法，养成良好的学习习惯。课文注释和练习等应少而精，具有启发性，有利于学生在探究中学会学习。

7. 教材内容的安排要避免繁琐，简化头绪，突出重点，加强整合，注重情感态度、知识能力之间的联系，致力于学生语文素养的整体提高。

8. 教材的体例和呈现方式应灵活多样，避免模式化。设计的体验性活动和研究性专题要体现语文特点，内容适量，便于实施。

9. 教材要有开放性和弹性。在合理安排基本课程内容的基础上，给地方、学校和教师留有开发、选择的空间，也为学生留出选择和拓展的空间，以满足不同学生学习和发展的需要。

10. 教材编写应努力追求设计的创新和编写的特色。要重视现代教育技术在语文课程中的运用。编写语言应准确、规范。

四、课程资源开发与利用的建议

1. 语文课程资源包括课堂教学资源和课外学习资源，例如：教科书、相关配套阅读材料、其他图书、报刊、工具书、教学挂图，电影、电视、广播、网络，报告会、演讲会、辩论会、研讨会、戏剧表演，生产劳动与社会实践场所，图书馆、博物馆、纪念馆、展览馆，布告栏、报廊、各种标牌广告，等等。

自然风光、文化遗产、风俗民情、方言土语，国内外的重要事件，日常生活的话题等也都可以成为语文课程的资源。

2. 各地都蕴藏着多种语文课程资源。学校要有强烈的资源意识，认真分析本地和本校的特点，充分利用已有的资源，积极开发潜在的资源，特别是人的资源因素和在课程实施过程中生成的资源因素。

3. 学校应积极创造条件，努力为语文教学配置相应的设备；还应当争取社会各方面的支持，与社区建立稳定的联系，给学生创设语文实践的环境，开展多种形式的语文学习活动。

4. 语文教师应高度重视课程资源的开发与利用，创造性地开展各类活动，增强学生在各种场合学语文、用语文的意识，通过多种途径提高学生的语文素养。

附　录

附录1　关于优秀诗文背诵推荐篇目的建议

《义务教育语文课程标准》要求学生背诵古今优秀诗文，包括中国古代、现当代和外国优秀诗文，具体篇目可由教科书编者和任课教师推荐，这里仅推荐古诗文135篇（段）。其中1～6年级75篇，7～9年级61篇。1～6年级的背诵篇目都是诗歌；7～9年级的篇目，除诗歌外，也选入了一些短篇散文。这些诗文主要供学生读读背背，增加积累，在教科书中可作不同的安排，不必都编成课文。

1～6年级（75篇）		
1	江南（江南可采莲）	汉乐府
2	长歌行（青青园中葵）	汉乐府
3	敕勒歌（敕勒川）	北朝民歌
4	咏鹅（鹅鹅鹅）	骆宾王
5	风（解落三秋叶）	李　峤
6	咏柳（碧玉妆成一树高）	贺知章
7	回乡偶书（少小离家老大回）	贺知章
8	凉州词（黄河远上白云间）	王之涣
9	登鹳雀楼（白日依山尽）	王之涣
10	春晓（春眠不觉晓）	孟浩然
11	凉州词（葡萄美酒夜光杯）	王　翰
12	出塞（秦时明月汉时关）	王昌龄
13	芙蓉楼送辛渐（寒雨连江夜入吴）	王昌龄
14	鹿柴（空山不见人）	王　维
15	送元二使安西（渭城朝雨浥轻尘）	王　维
16	九月九日忆山东兄弟（独在异乡为异客）	王　维
17	静夜思（床前明月光）	李　白
18	古朗月行（小时不识月）	李　白
19	望庐山瀑布（日照香炉生紫烟）	李　白
20	赠汪伦（李白乘舟将欲行）	李　白
21	黄鹤楼送孟浩然之广陵（故人西辞黄鹤楼）	李　白
22	早发白帝城（朝辞白帝彩云间）	李　白
23	望天门山（天门中断楚江开）	李　白
24	别董大（千里黄云白日曛）	高　适

25	绝句（两个黄鹂鸣翠柳）	杜 甫
26	春夜喜雨（好雨知时节）	杜 甫
27	绝句（迟日江山丽）	杜 甫
28	江畔独步寻花（黄师塔前江水东）	杜 甫
29	枫桥夜泊（月落乌啼霜满天）	张 继
30	滁州西涧（独怜幽草涧边生）	韦应物
31	游子吟（慈母手中线）	孟 郊
32	早春呈水部张十八员外（天街小雨润如酥）	韩 愈
33	渔歌子（西塞山前白鹭飞）	张志和
34	塞下曲（月黑雁飞高）	卢 纶
35	望洞庭（湖光秋月两相和）	刘禹锡
36	浪淘沙（九曲黄河万里沙）	刘禹锡
37	赋得古原草送别（离离原上草）	白居易
38	池上（小娃撑小艇）	白居易
39	忆江南（江南好）	白居易
40	小儿垂钓（蓬头稚子学垂纶）	胡令能
41	悯农（锄禾日当午）	李 绅
42	悯农（春种一粒粟）	李 绅
43	江雪（千山鸟飞绝）	柳宗元
44	寻隐者不遇（松下问童子）	贾 岛
45	山行（远上寒山石径斜）	杜 牧
46	清明（清明时节雨纷纷）	杜 牧
47	江南春（千里莺啼绿映红）	杜 牧
48	蜂（不论平地与山尖）	罗 隐
49	江上渔者（江上往来人）	范仲淹
51	元日（爆竹声中一岁除）	王安石
51	泊船瓜洲（京口瓜洲一水间）	王安石
52	书湖阴先生壁（茅檐长扫净无苔）	王安石
53	六月二十七日望湖楼醉书（黑云翻墨未遮山）	苏 轼
54	饮湖上初晴后雨（水光潋滟晴方好）	苏 轼
55	惠崇春江晓景（竹外桃花三两枝）	苏 轼
56	题西林壁（横看成岭侧成峰）	苏 轼
57	夏日绝句（生当作人杰）	李清照
58	三衢道中（梅子黄时日日晴）	曾 几
59	示儿（死去元知万事空）	陆 游
60	秋夜将晓出篱门迎凉有感（三万里河东入海）	陆 游
61	四时田园杂兴（昼出耘田夜绩麻）	范成大
62	四时田园杂兴（梅子金黄杏子肥）	范成大
63	小池（泉眼无声惜细流）	杨万里
64	晓出净慈寺送林子方（毕竟西湖六月中）	杨万里
65	春日（胜日寻芳泗水滨）	朱 熹
66	观书有感（半亩方塘一鉴开）	朱 熹
67	题临安邸（山外青山楼外楼）	林 升

68	游园不值（应怜屐齿印苍苔）	叶绍翁
69	乡村四月（绿遍山原白满川）	翁　卷
70	墨梅（我家洗砚池头树）	王　冕
71	石灰吟（千锤万凿出深山）	于　谦
72	竹石（咬定青山不放松）	郑　燮
73	所见（牧童骑黄牛）	袁　枚
74	村居（草长莺飞二月天）	高　鼎
75	己亥杂诗（九州生气恃风雷）	龚自珍
7～9 年级（61 篇）		
1	关雎（关关雎鸠）	《诗经》
2	蒹葭（蒹葭苍苍）	《诗经》
3	十五从军征（十五从军征）	汉乐府
4	观沧海（东临碣石）	曹　操
5	饮酒（结庐在人境）	陶　潜
6	木兰辞（唧唧复唧唧）	北朝民歌
7	送杜少府之任蜀州（城阙辅三秦）	王　勃
8	登幽州台歌（前不见古人）	陈子昂
9	次北固山下（客路青山外）	王　湾
10	使至塞上（单车欲问边）	王　维
11	闻王昌龄左迁龙标遥有此寄（杨花落尽子规啼）	李　白
12	行路难（金樽清酒斗十千）	李　白
13	黄鹤楼（昔人已乘黄鹤去）	崔　颢
14	望岳（岱宗夫如何）	杜　甫
15	春望（国破山河在）	杜　甫
16	茅屋为秋风所破歌（八月秋高风怒号）	杜　甫
17	白雪歌送武判官归京（北风卷地白草折）	岑　参
18	酬乐天扬州初逢席上见赠（巴山楚水凄凉地）	刘禹锡
19	卖炭翁（卖炭翁）	白居易
20	钱塘湖春行（孤山寺北贾亭西）	白居易
21	雁门太守行（黑云压城城欲摧）	李　贺
22	赤壁（折戟沉沙铁未销）	杜　牧
23	泊秦淮（烟笼寒水月笼沙）	杜　牧
24	夜雨寄北（君问归期未有期）	李商隐
25	无题（相见时难别亦难）	李商隐
26	相见欢（无言独上西楼）	李　煜
27	渔家傲（塞下秋来风景异）	范仲淹
28	浣溪沙（一曲新词酒一杯）	晏　殊
29	登飞来峰（飞来峰上千寻塔）	王安石
30	江城子（老夫聊发少年狂）	苏　轼
31	水调歌头（明月几时有）	苏　轼
32	渔家傲（天接云涛连晓雾）	李清照
33	游山西村（莫笑农家腊酒浑）	陆　游
34	南乡子（何处望神州）	辛弃疾

35	破阵子（醉里挑灯看剑）	辛弃疾
36	过零丁洋（辛苦遭逢起一经）	文天祥
37	天净沙·秋思（枯藤老树昏鸦）	马致远
38	山坡羊·潼关怀古（峰峦如聚）	张养浩
39	己亥杂诗（浩荡离愁白日斜）	龚自珍
40	满江红（小住京华）	秋　瑾
41	《论语》12 章（学而时习之；吾日三省吾身；吾十有五而志于学；温故而知新；学而不思则罔；贤哉回也；知之者不如好之者；不义而富且贵；三人行；子在川上曰；三军可夺帅也；博学而笃志）	
42	曹刿论战	《左传》
43	《孟子》三则（鱼我所欲也；富贵不能淫；天将降大任于斯人也）	
44	《庄子》一则（北冥有鱼……亦若是则已矣）	
45	《礼记》一则（虽有佳肴）	
46	《列子》一则（伯牙善鼓琴……吾于何逃声哉？）	
47	邹忌讽齐王纳谏	《战国策》
48	出师表	诸葛亮
49	桃花源记	陶　潜
50	与谢中书书	陶弘景
51	三　峡	郦道元
52	杂说（四）	韩　愈
53	陋室铭	刘禹锡
54	小石潭记	柳宗元
55	岳阳楼记	范仲淹
56	醉翁亭记	欧阳修
57	爱莲说	周敦颐
58	记承天寺夜游	苏　轼
59	送东阳马生序（余幼时即嗜学……况才之过于余者乎？）	宋　濂
60	湖心亭看雪	张　岱
61	河中石兽	纪　昀

附录2　关于课外读物的建议

《义务教育语文课程标准》要求学生 9 年课外阅读总量达到 400 万字以上，阅读材料包括适合学生阅读的各类图书和报刊。对此提出如下建议：

童话，如安徒生童话、格林童话、叶圣陶《稻草人》、张天翼《宝葫芦的秘密》等。

寓言，如中国古今寓言、《伊索寓言》等。

故事，如成语故事、神话故事、中外历史故事、各民族民间故事等。

诗歌散文作品，如鲁迅《朝花夕拾》、冰心《繁星·春水》、《艾青诗选》、《革命烈士诗抄》、中外童谣、儿童诗歌等。

长篇文学名著，如吴承恩《西游记》、施耐庵《水浒传》、老舍《骆驼祥子》、笛福《鲁滨逊漂流记》、斯威夫特《格列佛游记》、夏绿蒂·勃朗特《简·爱》、高尔基《童年》、奥斯特洛夫斯基《钢铁是怎样炼成的》等。

教师可根据需要，从中外各类优秀文学作品中选择合适的读物，向学生补充推荐。

科普科幻作品，如儒勒·凡尔纳的系列科幻小说，各类历史、文化读物及传记，以及介绍自然科学与社会科学常识的普及性读物等，可由语文教师和各有关学科教师商议推荐。

附录3 语法修辞知识要点

1. 词的分类：名词、动词、形容词、数词、量词、代词、副词、介词、连词、助词、语气词、叹词。

2. 短语的结构：并列式、偏正式、主谓式、动宾式、补充式。

3. 单句的成分：主语、谓语、宾语、定语、状语、补语。

4. 复句的类型：并列、递进、选择、转折、因果、假设、条件。

5. 常见修辞格：比喻、拟人、夸张、排比、对偶、反复、设问、反问。

附录4 识字、写字教学基本字表（略）

附录5 义务教育语文课程常用字表（略）